大宮・浦和・川口

至福の
上等なランチ

Fabulous Lunch of top quality in Your Town

イデア・ビレッジ 著

メイツ出版

大宮・浦和・川口 至福の上等なランチ
Contents

- 大宮・浦和・川口 至福の上等なランチ 全体MAP ……… 4
- 本書の読み方 ……… 5

大宮

- RESTAURANT Accueil PAR Perchoir ……… 6
- 鉄板・懐石 くら馬 ……… 8
- トラットリア アベ ……… 10
- エグリーズ ドゥ 葉山庵 ……… 12
- 中国料理 瑞麟 ……… 14
- Ristorante Ogawa ……… 16
- 大宮 一の家 ……… 18
- Lancret ……… 20
- 和食堂 欅 ……… 22
- ダイニング&バー チアーズ ……… 24
- ビストロ ボナペティ ……… 26
- お食事処 菜々草 ……… 28
- ZEFIRO ……… 30
- すし 堺 ……… 32
- 大宮離宮 四季庭 ……… 34
- イタリアン・フレンチ レ・スリジェ ……… 36
- アルタビスタガーデン ……… 38
- フランス料理 アルピーノ ……… 40
- 会席料理 東山 ……… 42
- プロヴァンスヴェール ……… 44
- イタリア料理 イルクオーレ ……… 46
- 洋食 素敵屋さん ……… 48

浦和

- バンビーナ バンビーノ ……… 50
- 京雀 ……… 52
- シャンソニエ ……… 54
- フレンチ居酒屋 Bon Tigger 浦和店 ……… 56
- 割烹しのぶ ……… 58
- 地中海食堂 タベタリーノ 東浦和店 ……… 60
- イタリアンダイニング フィーロ ……… 62

BISTROT L'Arbre de Pin	64
二木屋	66
Bistro 畑の鍵	68
すし 二乃宮	70
Restaurant La voile	72
中国料理 彩湖	74
ビストロ・ド・タニ	76
鮨 ふく	78
カジュアルフレンチ Les Amis	80
彩懐石 うらわ高砂	82
Arancia Del Sole	84
日本料理 四季彩	86
Brasserie De chef	88
インドネシア料理 スラバヤ	90
カフェ カロチャ	92

川口

鰻 十和田	94
ロシア料理 スタルカ	96
おきがる会席 けん汰	98
フランス料理 BISTRO S'ASSOUVIR	100
天旬楽 うのじ	102
トラットリア オサムサン	104
フランス料理 フランス菓子 プラシャルルー	106
カリーリア ラ エルバ	108
イタリア料理 カポラヴォーロ	110
粥膳 かやと	112
ピエールピコ KAWAGUCHI	114
レストラン 三星	116
旬菜遊膳 しみず	118
trattoria fermata	120
スペイン料理 サブロッソ	122
Modern Italian Saya Soyo	124
料理ジャンル別さくいん	126

大宮・浦和・川口 至福の上等なランチ　全体 MAP

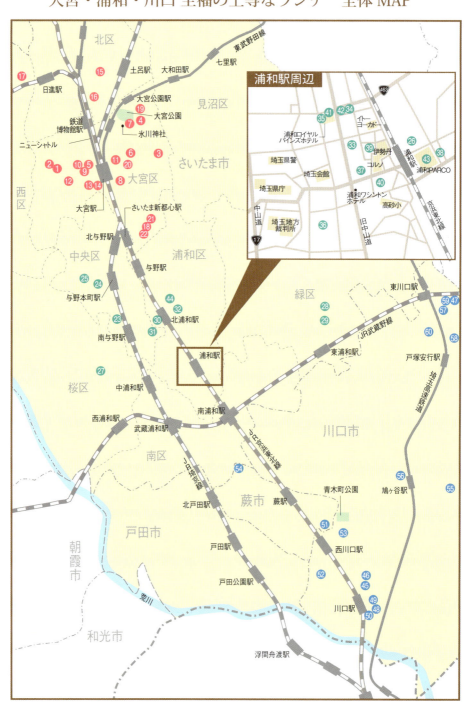

NO	店名	ページ
❶	RESTAURANT Accueil PAR Perchoir	6
❷	鉄板・懐石 くら馬	8
❸	トラットリア アベ	10
❹	エグリーズ ドゥ 葉山庵	12
❺	中国料理 瑞麟	14
❻	Ristorante Ogawa	16
❼	大宮 一の家	18
❽	Lancret	20
❾	和食堂 欅	22
❿	ダイニング＆バー チアーズ	24
⓫	ビストロ ボナペティ	26
⓬	お食事処 菜々草	28
⓭	ZEFIRO	30
⓮	すし 堺	32
⓯	大宮離宮 四季庭	34
⓰	イタリアン・フレンチ レ・スリジェ	36
⓱	アルタビスタガーデン	38
⓲	フランス料理 アルピーノ	40
⓳	会席料理 東山	42
⓴	プロヴァンスヴェール	44

NO	店名	ページ
㉑	イタリア料理 イルクオーレ	46
㉒	洋食 素敵屋さん	48
㉓	バンビーナ バンビーノ	50
㉔	京雀	52
㉕	シャンソニエ	54
㉖	フレンチ居酒屋 Bon Tigger 浦和店	56
㉗	割烹 しのぶ	58
㉘	地中海食堂 タペタリーノ 東浦和店	60
㉙	イタリアンダイニング フィーロ	62
㉚	BISTROT L' Arbre de Pin	64
㉛	二木屋	66
㉜	Bistro 畑の鍵	68
㉝	すし 二乃宮	70
㉞	Restaurant La voile	72
㉟	中国料理 彩湖	74
㊱	ビストロ・ド・タニ	76
㊲	鮨 ふく	78
㊳	カジュアルフレンチ Les Amis	80
㊴	彩懐石 うらわ高砂	82
㊵	Arancia Del Sole	84

NO	店名	ページ
㊶	日本料理 四季彩	86
㊷	Brasserie De chef	88
㊸	インドネシア料理 スラバヤ	90
㊹	カフェ カロチャ	92
㊺	鰻 十和田	94
㊻	ロシア料理 スタルカ	96
㊼	おきがる会席 けん汰	98
㊽	フランス料理 BISTRO S'ASSOUVIR	100
㊾	天旬楽 うのじ	102
㊿	トラットリア オサムサン	104
51	フランス料理 フランス菓子 ブラシャルルー	106
52	カリーリア ラ エルバ	108
53	イタリア料理 カポラヴォーロ	110
54	粥膳 かやと	112
55	ピエールピコ KAWAGUCHI	114
56	レストラン 三星	116
57	旬菜遊膳 しみず	118
58	trattoria fermata	120
59	スペイン料理 サブロッソ	122
60	Modern Italian Saya Soyo	124

本書の読み方

本書では、大宮・浦和・川口を中心に、上等なランチのお店を紹介しています。以下に、本書の読み方・使い方を記しましたので、予め注意点をご理解の上、ご利用下さい。

メニューについて

ランチで食べられるメニューを中心に紹介しています。メニューは、季節や仕入れの状況により変わります。メニューは全て税込表記です。なお掲載している写真は全て一例です。

その他メニュー

左ページで掲載したメニュー以外の例について、メニュー名と金額を紹介しています。注文する際の参考にしてください。

アクセスについて

お店までの主なアクセス方法や、お店の所在地・近隣の道や交通機関などを簡略化した地図を紹介しています。

お店のデータ

お店の住所、営業時間、定休日などの基本情報を紹介しています。定休日のほか、臨時休業がある場合もありますので、お出かけの際は直接お店にお問い合わせください。

【注意】本書に記載されているデータは、2014年9月現在のものです。お店によっては、提供するメニューや価格、営業時間などの内容が変更される場合もありますので、お出かけの前にご確認ください。

大宮／大宮駅

大宮駅　　フランス料理

RESTAURANT
Accueil PAR Perchoir

レストラン アキュイ パー ペルショワール

各線大宮駅西口から
バスで約10分

Lunch　　**Bコース**

▲数種類から選べるスープ、前菜、メイン、デザートに、コーヒーor紅茶、カフェ手作りの焼き立てパンを楽しめる人気のBコース3200円。写真右は「南瓜の温かいスープ カプチーノを浮かべて」

Lunch　**コースメインの肉料理**

▲「骨付き仔牛のロティ "紅さやか" を使ったソースで」と「白金豚のロース肉ロティ」

Lunch　**シェフ・ド・パティシエの気まぐれデザート**

▲コース料理プラス350円で味わえるスペシャルデザート。いろんな味を楽しめて◎

その他メニュー

- ランチAコース…2700円
- シェフおまかせコース…3900円
- Soupe（スープ）…600円
- Entreé（前菜）…1200円
- Plats（メインディッシュ）…1800円
- Dessert（デザート）…900円
- コーヒーまたは紅茶…600円

▲ガラスを使ったショープレート。お料理への期待が高まる

リゾート気分！ 森のレストラン

　体に優しいフランス料理をコンセプトとした緑豊かな森の中に佇むレストラン。温かみ溢れる木を基調とした落ち着いた雰囲気の店内で、肩肘張らずに料理を頂ける。いちおしは窓際の席。大きな窓から豊かな自然を目で楽しめ、優雅なランチタイムを過ごせる。

契約農家の野菜を贅沢に使用

　ウエディングのフレンチを手掛けるシェフ自らが産地に足を運び、素材を厳選。地元の新鮮野菜を中心に大切に作り上げた本格フレンチを提供する。ランチは数種類の中から好みのものを選べるプリフィクススタイル。種類豊富なワインを片手に、心ゆくまで至福の時を堪能して。

TEL	☎048-640-2532
住所	埼玉県さいたま市大宮区三橋1-1331
予約	ランチ可
営業時間	ランチ 11:30〜15:00（L.O.14:00）
定休日	土・日・祝・火曜
席数	9席
禁煙席	全席禁煙
個室	なし
予算	ランチ 2700円
駐車場	50台（無料）

◀樹齢100年を超えた見事な桜の木。この前で結婚式も行われる

うちの自慢

▲併設する「カフェ ボスケ」で手作りしているナチュラル志向のパンもおいしいと評判だ

大宮駅　和食

鉄板・懐石
くら馬

てっぱん・かいせき くらま

各線大宮駅西口から
車で約7分

Lunch　鞍馬弁当

▲お造り、焼き物、揚げ物など少しずついろんな味を楽しめると女性に人気。3500円

Lunch　特選ステーキコース

▲国産黒毛和牛でも最上級のA5ランクの肉を使用。程よく脂がのり、極上の味わい。6500円

Lunch　小会席

▲旬の食材を贅沢に使用した小会席5000円。メインは黒毛和牛A5ランクのミニステーキ。前菜、お造り、吸い物、炊き合わせ、ごはん、デザートが付き大満足のボリュームだ

その他メニュー

- 天丼…2000円
- 海鮮丼…2500円
- 伊勢海老の天ぷら御膳（限定）…5000円
- 黒毛和牛ハンバーグコース…2800円
- 海鮮コース…3500円
- 京地鶏の鉄板焼（限定）…3500円

▲しっとり過ごせる個室空間からも情緒溢れる中庭が見える

京都を思わせるラグジュアリー空間

　店内に1歩足を踏み入れるとそこは京都の雰囲気を味わえる非日常の空間。ソファ席や個室、カウンター…どの部屋からも、美しい中庭中央の水盤と季節の木々を眺められるのがウリだ。しっとり大人なランチタイムを提供してくれる。特別な日にもおすすめの極上の1軒だ。

厳選素材で作る最高の鉄板焼

　四季折々の食材を贅沢に使った鉄板・懐石料理を味わえるお店。中でも最高級A5ランクの国産和牛のステーキは必食。熟練した料理人が、3cmもの厚さの鉄板で一気に焼き上げ、旨味を凝縮。ひと口味わえば、思わず顔がほころぶ至福の一皿に仕上がっている。

◀夜のコースは1万円～。フィレやサーロインなどアラカルトでも注文可

TEL	☎048-780-2652
住所	埼玉県さいたま市大宮区三橋1-668
予約	ランチ可　ディナー可
営業時間	ランチ 11:30～15:00(L.O.14:00) ディナー 17:30～23:00(L.O.21:00)、日祝～22:00(L.O.20:00)
定休日	年末年始
席数	59席（うち個室席30席、カウンター席9席、テーブル席20席）
禁煙席	全席禁煙
個室	個室4室（収容人数6～10人／チャージ料無料／個室全席禁煙）
予算	ランチ 5000円　ディナー 1万5000円
駐車場	13台（無料）

※サービス料10%が必要

うちの自慢

▲目の前で熟練した料理人が腕を振るう鉄板焼カウンター席は臨場感たっぷりの特等席だ

大宮／大宮駅

大宮駅　イタリア料理

トラットリア アベ

TRATTORIA ABE

各線大宮駅東口から
バス、車で約10分

Lunch

B ランチ

▲前菜の盛り合わせ、パスタ、肉料理か魚料理、ドルチェ盛り合わせ、食後のドリンク、自家製パンからなるボリューム満点のコース。パスタは約8種の中から好みのモノをチョイスできる。2700円

Lunch & Dinner

天使のえびの
トマトクリームソース
〈コースの料理・アラカルトでも提供〉

▲ニューカレドニアのきれいな海で育った海老を贅沢に使用。コース、セットでも選べる

Lunch & Dinner

ピッツア
マルゲリータ
〈アラカルトで提供〉

▲ローマタイプの薄いピザ生地のピッツア。パリパリ食感がおいしい。1296円

その他メニュー

- パスタセット…1400円
- Aランチ…1620円
- シェフのおまかせランチ…3780円
- 生うにのペペロンチーノ…2052円
- グラスワイン…648円
- サントリープレミアムモルツ…648円

▲季節のお花が大きな花瓶に活けられ、店内を明るく彩る

地元で人気のトラットリア

　住宅地にある隠れ家イタリアン。コンセプトは「大人がゆっくり食事をすることができるお店」。緑を基調とした温かみのある店内で提供されるのは、しっかりした素材を使い、丁寧に調理した料理たち。個人店ならではのアットホームなサービスもリピーターが多い理由の1つだ。

素材を生かしたパスタが大人気！

　新鮮で高品質な素材を使い、軽やかに仕上げたイタリアンを提供。中でも評判なのは、ディチェコの乾麺を使ったスパゲティ。絶妙なゆで加減、塩加減で調理され、もちもちとした食感で美味。食後のドルチェは、クリームブリュレを凍らせたような味わいのカタナーラをぜひ。

◀カウンター席もあるので、おひとりさまでも気軽に食事できる

TEL	☎048-643-7095
住所	埼玉県さいたま市大宮区天沼町1-621-212
予約	ランチ可 ディナー可
営業時間	ランチ 11:30～15:00(L.O.14:30) ディナー 17:30～22:00(L.O.21:00)
定休日	火曜
席数	20席（うちカウンター席4席、テーブル席16席）
禁煙席	一部喫煙可（喫煙席4席）
個室	なし
予算	ランチ 2700円
駐車場	4台（無料）

うちの自慢

▲甘いモノ好きもトリコにする人気のスイーツ「カタラーナ」。キャラメルのような後味が◎

大宮／大宮駅

大宮駅　　フランス料理

エグリーズ ドゥ 葉山庵

エグリーズ ドゥ はやまあん

各線大宮駅東口から車で約5分

Lunch

ランチ B コース

▲前菜、スープ、メインを選べるプリフィクススタイルのコース 3500 円。アミューズ、デザート、ドリンク、パンも付く。プラス 1500 円すればメインを肉、魚の両方楽しめる。※写真はイメージ

Lunch & Dinner

フォアグラの茶碗蒸し "トリュフの香るカプチーノ仕立て"
（ランチ、ディナーコースの料理・アラカルトでも提供）

▲キュートな器に入った茶碗蒸しは人気ナンバー1のスペシャリテ。世界三大珍味のうち2つが共演！
※コース注文時に限り、アラカルト対応可

Lunch

ランチAコースの海鮮丼

▲旬の魚介類を贅沢に使い、洋風に仕上げた丼ぶり。地元産のコシヒカリと古代米を使用

その他メニュー

- ランチAコース…2000円
- ランチCコース…5000円
- ディナーA…5500円
- ディナーB…8000円
- ディナーC…12000円
- ディナーD…16000円

▲日中は大きな窓からたっぷり差し込む陽光が心地よく癒される

森の中の別荘のような癒し空間

　セントパルク教会の敷地内にある緑に囲まれたガーデンレストラン。店内は白を基調とした爽やかな空間。ゆったりめに配された席からは、季節の花々が彩る庭の自然を愛でることができる。リゾート地を訪れたかのようなプチトリップ気分を味わいながらランチをどうぞ。

トリュフとフォアグラの豪華共演！

　素材本来の味をそのまま活かした優しい「ナチュラル・フレンチ」を提供。葉山庵発祥の地である三浦半島や地元埼玉の地野菜を中心に使用し、フレンチには欠かせない生クリームやバターを極力控えて調理。世界三大珍味の2つが共演した「フォアグラの茶碗蒸し」は必食だ。

TEL	☎048-644-6688
住所	埼玉県さいたま市大宮区堀の内町3-262
予約	ランチ可　ディナー可
営業時間	ランチ 11:30～15:30（L.O.14:00） ディナー 17:30～22:00（L.O.20:00）
定休日	火・水曜
席数	60席（うちテラス席12席、テーブル席48席）
禁煙席	テラス席のみ喫煙可
個室	個室1室（収容人数2～12人／チャージ料昼5400円、夜1万800円／個室全席禁煙）
予算	ランチ 2000円～5000円　ディナー 7000円
駐車場	10台（無料）

◀2～12人まで使用できる個室は、しっとり落ち着いた雰囲気が漂う

うちの自慢

▲春の木漏れ日、夏の木陰、秋色に染まる木々…季節の移ろいを感じられる最高のテラス席！

大宮／大宮駅

大宮駅　中国料理

中国料理
瑞麟

ちゅうごくりょうり ずいりん

各線大宮駅西口から
徒歩で約3分

Lunch プリフィクスランチ

▲主菜とデザートは3品の中から選べる。点心や副菜なども付いたお得なランチコース。2052円

Lunch & Dinner 五目入りあんかけつゆそば
（アラカルトで提供）

▲魚介類、肉、野菜入りのあんがたっぷりかかった、具だくさんな醤油味のつゆそば。1188円

Lunch 吃好～ ハオチー 美味しい ～ランチ

▲気軽に北京ダックを味わえる、本格中国料理のランチコース。前菜盛り合わせ、スープ、海の幸2種盛り、北京ダック、メイン、ご飯もの、デザート3種盛りで3888円。季節ごとに内容は異なる

その他メニュー

- ◆ フェアランチコース…2700円
- ◆ 海鮮入りあんかけつゆそば…1620円
- ◆ かに入りチャーハン…1404円
- ◆ 野菜入りあんかけ焼きそば…1026円
- ◆ 焼きビーフン…1188円
- ◆ アンニンドウフ…432円

▲ラグジュアリーな店内はとても落ち着いた雰囲気

優雅なひとときを味わえるお店

大宮駅から徒歩約3分という好立地にある中華料理店。上海料理を中心に、多彩な料理でもてなしてくれる。ホテルならではの高級感ある店内ときめ細かなサービスとともに、贅沢な時間を味わうのに最適なお店だ。個室もあるので、宴会や家族のお祝い事などにも利用しやすい。

旬の食材を使った本格中華料理

厳選された旬の食材を使用し、月替わりで季節に合う料理を提供する。野菜たっぷり、大豆油を使うなど日本人の口に合い、かつヘルシーな料理がいただける。ランチ、ディナーともに豊富なメニューを扱うほか、予算や要望にも応じている。期間限定のフェアメニューにも注目！

TEL	☎048-647-3300
住所	埼玉県さいたま市大宮区桜木町1-7-5
予約	ランチ可　ディナー可
営業時間	通し 11:00～21:30（L.O.21:00）（ランチタイム 11:00～15:00）
定休日	なし
席数	55席
禁煙席	全席禁煙
個室	5室（収容人数5～30人／チャージ料無料／個室喫煙可）
予算	ランチ 2000円　ディナー 6000円
駐車場	150台（400円／1時間、3000円以上の飲食で120分無料）

◀おいしいだけでなく、栄養価が高く体に優しい料理を作り続けている

うちの自慢

▲重厚な雰囲気の中で、ゆっくりと食事することができる。個室は5～30名まで利用できる

大宮／大宮駅

大宮駅　イタリア料理

Ristorante Ogawa

リストランテ オガワ

各線大宮駅東口から
徒歩で約9分

お昼の味わいコース

▲本日の前菜、旬のスープ、4種から選べる季節のパスタ、魚または肉料理、デザート、エスプレッソ or カフェ or 紅茶 or カモミール・ティーが付くフルコース3780円。美しい盛り付けで目で舌で楽しめる

**黒毛和牛ホホ肉の
バルサミコ煮込み**
（ランチ、ディナーコースの料理。アラカルトでも提供）

▲埼玉県産を中心とした和牛のホホ肉を低温で4時間じっくりと煮込んだ一皿。単品にも対応

**和歌山県産鮎と万願寺唐辛子、
古代米を練り込んだバヴェッティーネ**
（ランチ、ディナーコースの料理。アラカルトでも提供）

▲湧き水で育った無農薬の古代米をパスタに練り込み、そばのような喉ごしを実現

その他メニュー

- パスタランチコース…1944円
- メイン料理を楽しむコース…2700円
- 函館直送 鮮魚のカルパッチョ…2160円
- トリュフのオルツォット…3240円
- うさぎのポタッキオ…2700円

▲ジャズのBGMが流れるシックで上品さが感じられる店内

要望を叶えてくれるイタリアン

オーナーシェフは、ミラノの五つ星ホテルやイタリア各地で修業を積んだ小川洋行氏。好みや量、飲むワインに合わせて味を変えたりなど、ゲストの細かな要望にもこたえてくれるリストランテだ。ノリタケのアンティークのお皿、銀のカトラリーなど器使いにもセンスが光る。

上質素材で作る洗練された本場の味

朝採れたての農家の野菜、函館直送の鮮魚…厳選素材を使い、本場で学んだ料理を洗練し、表現。おすすめは「トリュフのカルボナーラ」や「生ウニのタリオリーニ」、「エゾ鹿のロースト」。素材の旨味をストレートに感じる美味しさだ。様々なニーズに合わせたワインも充実。

◀お店のロゴにもなっているかわいいペリカンも窓際でお出迎え

TEL	☎048-783-3324
住所	埼玉県さいたま市大宮区東町2-288-1 鈴木ビル1F
予約	ランチ可　ディナー可
営業時間	ランチ 11:30～15:00(L.O.14:00) ディナー 18:00～24:00(L.O.22:00)
定休日	日曜
席数	22席(テーブル席)
禁煙席	全席禁煙
個室	なし
予算	ランチ 2500円　ディナー 9000円
駐車場	2台(無料)

うちの自慢

▲シェフが生まれ育った岩槻産の野菜をたっぷりと使ったバーニャカウダも絶品！

大宮駅・北大宮駅　　和食

大宮 一の家

おおみや いちのや

各線大宮駅東口から徒歩で約18分・
東武野田線北大宮駅から
徒歩で約10分

四季御膳

Lunch

▲メニュー名のとおり、四季を感じることのできるお膳。焼き物以外のメニューは月替わり、お造りは仕入れによって変わる。4320円

ランチ肉コース

Lunch

▲国産牛のステーキ、前菜、造、ごはん、赤出汁、香の物、デザートが付いたボリューム満点のコースは5400円。ステーキは全国各地のその日もっとも良い物を厳選してお取り寄せするとか

その他メニュー

- 花…8100円
- 月…1万800円
- 雪…1万4040円
- ふぐ料理…1万4040円～
- スッポン料理…1万4040円
- ご披露宴、御結納料理…1万800円～

▲テーブル個室のほか、足を伸ばせる掘りごたつの個室も用意

日本庭園を鑑賞しながらゆったりと

閑静な住宅街と大宮公園を抜け、氷川神社の隣に現れる数寄屋造りの懐石料理店。店内は全て個室。全部屋から盆栽屋さんや庭師さんに手入れされた美しい庭園を眺められるのも魅力。2階のお部屋からは桜や菖蒲、つつじ、梅、ゆり…季節折々の花を愛でながら食事を楽しめる。

旬素材を使った伝統の味

明治18年の創業以来、伝統の味を守り続け、季節の懐石料理を提供。食材の80％は築地市場から、旬の物を厳選して仕入れている。手間をかけた出汁を始め、全て職人の手作りにこだわる。旬の味わいを盛り込んだ懐石料理は滋味に富み、心身に染み渡る味わいだ。

◀手入れの行き届いた素敵なお庭を眺めながら食事を

TEL	☎048-644-0165
住所	埼玉県さいたま市大宮区高鼻町2-276
予約	ランチ可　ディナー可
営業時間	ランチ 11:30～15:00 (L.O.13:30) ディナー 17:00～22:00 (L.O.20:00) 土日祝 11:30～21:00 (L.O.18:00) ランチメニューは11:30～15:00 (L.O.13:30)
定休日	月曜
席数	140席（全個室）
禁煙席	一部喫煙可
個室	個室7室（収容人数100～140人／チャージ料1人500円／一部喫煙可）
予算	ランチ 5000円　ディナー 10000円
駐車場	12台（無料）

※席料500円／1人（平日ランチ除く）※サービス料別途10%

うちの自慢

▲全室個室なので大切な人とゆったりと過ごすことができる。お祝いにも最適な空間だ

大宮／大宮駅

大宮駅　　フランス料理

Lancret

ランクレ

各線大宮駅東口から
徒歩で約7分

牛ホホ肉のカルボナード（ビール煮）
（コース内の料理）

Lunch

▲6〜8時間かけてとろとろに煮込んだ、ランチAコースの肉料理。肉or魚選べるメインの他、前菜盛り合わせ、パン（バターとリエット付き）、デザート盛り合わせ、コーヒーor紅茶、焼菓子付きで1900円

前菜盛り合わせ
（コース内の料理）

Lunch

▲一品一品、手間ひま惜しまず作られた、前菜盛り合わせ。いろいろな味が楽しめる

デザート盛り合わせ
（コース内の料理）

Lunch

▲ケーキは季節によって変わる。盛り合わせになっているので最後まで大満足。全て手作り

その他メニュー

- ランチB…2600円
- ディナーA…3700円
- ディナーB…4700円
- ディナーC…4700円
- ベルジュラック
  （南西地方のワイン）…3600円
- プティ・フルネィ
  （ボルドー地方のワイン）…4300円

▲落ち着いた色味のインテリアで統一された、アットホームな店内

地元出身のシェフによる本格フレンチ

2013年3月にオープンしたばかり。大宮駅から裏路地に入ったところにある、隠れ家風のレストラン。埼玉出身のオーナーシェフは、将来は地元でレストランを開きたいと夢見、フランスと東京で修行した後開いたお店だ。フランス各地から取り寄せられたワインにも注目したい。

気軽に食べられるフランス料理

フレンチと聞くと、バターなど重いイメージを持たれやすいが、こちらのお店では、野菜をたっぷり使っているので、体に優しいフレンチが頂ける。パンやデザートまで全て手作りで、ランチ・ディナーともにコースのみの提供。ランチ時は混むので、事前予約がおすすめ！

◀年齢制限があるので、落ち着いて食事を楽しみたい人にぴったり

TEL	☎048-647-1055
住所	埼玉県さいたま市大宮区下町2-32
予約	ランチ可　ディナー可
営業時間	ランチ 11:30～15:00（L.O.13:30） ディナー 18:00～23:00（L.O.21:00）
定休日	日曜、月曜
席数	18席
禁煙席	全席禁煙
個室	なし
予算	ランチ 1900円　ディナー 3700円
駐車場	なし

※年齢制限あり。小学生高学年以上

うちの自慢

▲シェフが修業時代に集めた、フランス製のポストカードが飾られている。カラフルでおしゃれ！

大宮／大宮駅

大宮駅　和食

和食堂
欅

わしょくどう けやき

各線大宮駅西口から
徒歩で約3分

Lunch　季節のご膳ランチ

▲その時その時の旬の素材を堪能できるランチコース。2か月毎にメニューが変わる。1944円

Lunch　寿司ランチ

▲平日限定のにぎり寿司ランチ1728円。サラダとお椀付き。お得な価格で寿司がいただける

Lunch　レディース会席

▲旬の食材を使用したランチ限定の会席料理。特に「贅沢にゆっくりランチを楽しみたい」という女子におすすめ。お造り、煮物、椀物など、旬の食材を少量ずつ堪能できる贅沢なコースだ。料金は3780円

その他メニュー

- フェアランチコース…2700円
- 松花堂弁当（要予約）…3780円
- 季節の会席…6480円～
- お祝い会席…7560円～
- 鉄板焼ランチコース…5400円

▲石畳と木を配した店内には、暖かな日の光が注ぎ込む

日本の良さを改めて感じるお店

石畳や調度品が和の雰囲気を醸し出し、日本人としての心を感じることができる居心地の良い空間。その中で、季節によって大きく表情を変える和食を味わうことができる。店内には寿司や鉄板焼きのカウンターもあるので、目の前で料理ができあがる様子も楽しみたい。

季節を感じる繊細な味わい

厳選された旬の食材を、素材の持ち味を引き出しつつ、繊細な味付けで調理。基本であるダシにはじまり、料理人の技術をつぎ込んだ料理の数々は絶品揃いだ。寿司や天ぷらなどの他、季節限定のフェアメニューやランチ限定の会席料理も食べられる。お祝い事にも利用しやすい。

◀肉の焼ける香りや音など、五感を存分に刺激する鉄板焼カウンター

TEL	☎048-647-3300
住所	埼玉県さいたま市大宮区桜木町1-7-5
予約	ランチ可　ディナー可
営業時間	通し 11:00～21:30(L.O.21:00)(ランチタイム 11:00～15:00)
定休日	なし
席数	65席（うちカウンター席19席）
禁煙席	全席禁煙
個室	4室（収容人数5人～30人／チャージ料無料／個室喫煙可）
予算	ランチ 2000円　ディナー 8000円
駐車場	150台（400円／1時間、3000円以上の飲食で120分無料）

うちの自慢

▲ホテル内のレストランならではのサービスの行き届いた空間で、ゆっくりと食事を楽しめる

大宮／大宮駅

大宮駅　　洋食

ダイニング＆バー
チアーズ

Dinning&Bar Cheers

各線大宮駅西口から徒歩で約5分

Dinner 牛フィレ肉とサマートリュフのロッシーニ
（アラカルトで提供）

▲牛フィレ肉150グラムとフォアグラ80グラム、黒トリュフを散りばめた贅沢な一品。ボリュームがあるにも関わらず、1980円というリーズナブルな価格で提供しているので、ぜひいただこう！

Lunch マシェールコース

▲天然旬鮮魚のパイ包み焼き or 鹿児島牛もも肉のステーキ、どちらか選べるコース。2580円

Dinner 野菜ソムリエのバーニャカウダー
（アラカルトで提供）

▲生クリーム、アンチョビのほかに、味噌を隠し味に入れたあっさりソースと旬野菜。980円

その他メニュー

- 野菜ソムリエのピクルス…420円
- 自家製パンの盛り合わせ…700円
- ブイヤーベース…1600円
- 鹿児島牛サーロインステーキ…1600円
- 自家製ティラミス…680円
- 自然派ワイン…630円

▲お店自慢のバーカウンターがお出迎え。食事もお酒も充実

野菜たっぷりの創作フレンチ

　静かな住宅街に突如として現れるおしゃれなレストラン。和×フレンチ×野菜がコンセプトで、カジュアルに食べられる創作フレンチを提供する。開放感がある店内は白のソファーとスカイブルーの壁で統一され清潔感たっぷり。パーティーから普段使いまで幅広く利用できる。

料理とお酒でリゾート気分を味わう

　野菜ソムリエが選んだ旬の野菜と、漁港から直接仕入れる鮮魚、厳選したお肉を使った料理を気軽に楽しむことができる。女性に人気のフルーツをふんだんに使ったトロピカルカクテルも頂ける。店内の雰囲気も相まって、リゾートにいる気分にさせてくれるお店だ。

◀「野菜ソムリエおすすめコース」はコースの70%が野菜でできており、とてもヘルシー！

TEL	☎048-871-6058
住所	埼玉県さいたま市大宮区桜木町2-223 モナークヴィラ1F
予約	ランチ可 ディナー可
営業時間	ランチ 11:30〜14:30(L.O.13:30) ディナー 17:30〜23:30(L.O.22:30)
定休日	月曜
席数	46席(うちカウンター席6席)
禁煙席	あり(禁煙席28席/喫煙席18席) ※ランチタイムは全席禁煙
個室	なし
予算	ランチ 1000円 ディナー 4500円
駐車場	なし

※ディナーでアラカルトのみ注文の場合はチャージ料300円(1人)が必要

▲ハワイをイメージした、ゆったりとした空間で創作フレンチを堪能することができる

うちの自慢

大宮／大宮駅

大宮駅　　フランス料理

ビストロ ボナペティ

BISTRO BONAPPÉTIT

各線大宮駅東口から
徒歩で約2分

 ビストロハンバーグ

▲肉の食感が楽しめる 100％粗挽き肉を使用した「手ごねハンバーグ」。ソースはデミグラス、ガーリック、和風鬼おろしの3種類から選べる。スープ、ライス or パン、ドリンク付きで1080円

Lunch　ビーフシチュー

▲お箸で切れるほど煮込んだビーフシチューを、赤ワインのソースとともに。セットで1404円

Dinner　ハンバーグコース

▲メインの他に前菜、スープ、サラダ、パン or ライス、デザート、ドリンクが付いて3240円

その他メニュー

- 俺のナポリタン…1080円
- 季節のアヒージョ…1080円
- 自家製サルシッチャ…972円
- ゴルゴンゾーラグラタン…972円
- ポルチーニリゾット…1188円
- おすすめパスタ…1080円

▲暖色系のライトと、ボサノヴァのBGMが心地よい

料理だけでなく、サービスにも大満足

駅近の飲食街に位置する、大人のビストロ。白と黒のシックなインテリアの中に、ローズピンクのオブジェがポイントで置かれ、店内はカッコかわいい雰囲気。お店のモットーとして「ホスピタリティの精神」を大切にしており、いつ行ってもきめ細かいサービスが受けられる。

来たら絶対に食べたい「ハンバーグ」！

お店で一番の人気は、何といっても、「手ごねハンバーグ」。オーダー率は全体の8割だとか。肉汁と食感がたまらない、肉好きには大満足の一皿だ。その他、とろとろに煮込んだ「ビーフシチュー」や「旬の魚料理」などもあり、ボリュームたっぷりの洋食が味わえる。

TEL	☎048-641-4845
住所	埼玉県さいたま市大宮区宮町1-82 2F
予約	ランチ可　ディナー可
営業時間	ランチ 11:30～15:00(L.O.14:30) ディナー 17:30～22:30(L.O.22:00)
定休日	火曜
席数	30席(うちカウンター席4席)
禁煙席	全席喫煙可
個室	なし
予算	ランチ 1000円　ディナー 3000円
駐車場	なし

◀手作りケーキが付いたデザート盛り合わせも逸品！

うちの自慢

▲店の中央にある鏡の棚。店名の"BONAPPETIT"の文字とデコレーションがおしゃれ！

大宮／大宮駅

大宮駅　和食

お食事処
菜々草

おしょくじどころ　ななくさ

各線大宮駅西口から
徒歩で約12分

Lunch ### まぐろの漬け丼

▲まぐろに酢の利いた特製ダレを漬け込んだ丼ぶり1400円。小鉢2品、煮物、デザート付き

Lunch ### デザートセット

▲手作りのやさしい味わいのケーキとコーヒー or 紅茶がセットでお得。750円

Lunch ## 空(くう)御膳

▲お祝いにもおすすめの人気コース2800円。五点盛り、刺身、飛竜頭、茶碗蒸し、煮物、サラダ、小鉢2品、ご飯(白米or五穀米)、デザート付き。写真右は豆腐をつぶし、具を合わせて揚げた飛竜頭。アラカルトでも注文可(400円)

その他メニュー

- 菜々草御膳…1900円
- 五穀米御膳…1600円
- 親子丼…950円
- 野菜たっぷりカレー…1000円
- 煎茶セット…550円
- コーヒー、紅茶…450円
  （※ランチサービス250円）

▲木の温もりに溢れた店内。大きな窓からは日差しがたっぷり

ウッディな癒し空間でゆるりランチ

「体にやさしいお食事」をコンセプトにしたお食事処。木の温もりに溢れる店内は、癒しの空間。店主の趣味で飾られた華やかな生花がインテリアのアクセントになっている。食後は、併設する「ギャラリー＆カフェ空」へ。「菜々草」でも使われている砥部焼の食器の展示販売も。

しみじみとおいしい旬素材のお食事

京都の精進料理やおばんざいを取り入れたやさしい味が自慢。旬の食材の味を活かしてあえて薄味で調理し、味噌や漬物も手作りにこだわる。看板メニューは揚げたてホカホカの「飛竜頭」。これを食べに遠方から訪ねてくるお客さんもいるほどとか。一度ぜひ味わってみて。

◀女性スタッフの温かいおもてなしでほっこりした時を過ごせる

うちの自慢

▲生ビール、新潟の地酒、鹿児島の焼酎、ワインを中心に和食に合うお酒も充実している

TEL	☎048-645-7793
住所	埼玉県さいたま市大宮区上小町522
予約	ランチ可　ディナー要予約（2日前までに）
営業時間	ランチ 11:30～14:00（L.O.13:40） ディナー 予約時間に合わせて変更（スタート19:30まで）
定休日	不定休（※ディナー、土日、祝日は4名からの予約営業のみ）
席数	45席（うちテラス席8席、テーブル席37席）
禁煙席	屋内全席禁煙（テラス席喫煙可）
個室	半個室2室（収容人数4～20人／チャージ料なし／個室全席禁煙）
予算	ランチ 2000円　ディナー 6000円
駐車場	8台（無料）

大宮／大宮駅

大宮駅　　イタリア料理

ZEFIRO

ゼフィロ

各線大宮駅西口から
徒歩で約8分

ゼフィロランチ

Lunch

▲前菜、パン、ハーフサイズのパスタ、肉か魚どちらか一品、デザート盛り合わせ、カフェ付きで 2800 円。旬の食材を使うので、毎月内容が変わる。右の写真は「牛フィレ肉のソテー フォンドーボーソース」

Lunch　バベットステーキ 夏野菜のグリル
エシャロットと焦がしバターソース
（コースの料理）

▲国産牛のハラミをシンプルに仕上げ、肉質と香りを楽しむ一皿。2800 円ランチコースの肉料理

Lunch　真鯛のポアレと季節野菜
アンチョビソース
（コースの料理）

▲天然真鯛のソテー。皮はパリパリ、身はふっくらとしている。2800 円ランチコースの魚料理

その他メニュー

- パスタランチ…1100円
- メインランチ…1600円
- ゼフィロランチ…2700円
- マッティナコース（ディナー）…6000円
- ゼフィロコース（ディナー）…8500円

▲船のドックをイメージしたメインホールはシックな雰囲気

特別なひとときを過ごせるレストラン

広々とした敷地内には、青色のタイルが敷きつめられ、中庭には本物のヨットが浮かんでいる。まるで地中海の港に来たかのような、贅沢な気分になれるお店。ランチ時にはジャズ、ディナーではクラシックのBGMがかかり、落ち着いた店内で優雅に食事を楽しむことができる。

素材にこだわった多彩な料理

フレンチベースのイタリアン料理を提供する。新鮮な魚や旬の野菜を使い、素材の持ち味を引き立てる方法で調理。全7品と飲み放題付きの女子会プランもあるので、気のおけない友達を誘って行くのにもピッタリ。ビュッフェ形式にも対応できるので、パーティーなどにも◎。

TEL	☎048-658-7700
住所	埼玉県さいたま市大宮区桜木町1-196-1
予約	ランチ可　ディナー可
営業時間	ランチ 11:30〜14:30(L.O.14:00) ディナー 17:30〜22:00(L.O.20:00)
定休日	火曜
席数	48席
禁煙席	全席禁煙
個室	なし
予算	ランチ 2000円　ディナー 7000円
駐車場	なし

◀中庭のプールに浮かんでいるヨットはなんと本物！

うちの自慢

▲ステージにはグランドピアノが設置されており、定期的にライブイベントを開催している

大宮駅　和食

すし 堺

すし さかい

各線大宮駅西口から徒歩で約3分

おまかせにぎり

▲サラダとお椀が付いたセット。カウンターでは1貫ずつにぎりたてが頂ける。2050円

会席コース 彩

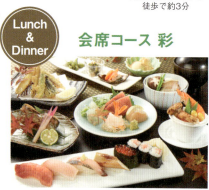

▲前菜、天ぷらなど旬の食材を使った全9品を味わえる贅沢なコース。ランチは要予約。5151円

昼の会食膳 （2日前までに要予約）

▲前菜3品、サラダ、季節の焼魚、自家製豆乳豆腐、握り寿司7貫、お椀、デザートが付いた、お昼限定のお得なコース。野菜や豆腐なども頂けて、体に優しいヘルシーな会席料理。3024円。食事会の席にぴったり

その他メニュー

- なぎさ…1050円
- 特選ちらし…1050円
- まぐろ丼…1070円
- 刺身盛り合わせ…3440円
- 天ぷら盛り合わせ…913円
- 穴子白焼…913円

▲広々とした純和風の店内は、木の温もりに包まれる

カウンター席で楽しみたい寿司屋

2014年10月にリニューアルオープン。今までの場所から移転したお店は広々としており、最大48名までOK。特におすすめなのがカウンター席で、1階と2階で合計18席という充実ぶり。職人の手さばきを間近で見ながら食事を楽しむという、寿司屋ならではの醍醐味を味わおう。

大宮で堪能する贅沢な時間と寿司

わざわざ銀座まで行かなくても、高級感溢れる雰囲気で上等な寿司を楽しめる「すし堺」。しかし値段はディナーコースでも4000円からとお手頃なのが嬉しい。食材は北海道直送の鮮魚や、築地から毎日届く新鮮な食材を使用。寿司はもちろん、季節の一品料理やコースも好評。

◀テーブル席の個室は2名から最大30名まで入れる。少人数の集まりから宴会まで、様々なシチュエーションに合わせて利用したい

うちの自慢

▲2階席にある6席だけの個室カウンター。予約をすれば貸切もできるので、特別な日にも◎

TEL	☎048-642-5550
住所	埼玉県さいたま市大宮区桜木町1-193-1
予約	ランチ可　ディナー可
営業時間	ランチ 11:00～15:00(L.O.14:45) ディナー 17:00～23:00(L.O.22:45) 日曜・祝日 12:00～23:00　ランチタイム 12:00～15:00
定休日	なし
席数	48席(うちカウンター席18席)
禁煙席	一部喫煙可
個室	5室(収容人数／2～30人／チャージ料無料／個室喫煙可)
予算	ランチ 980円　ディナー 6000円
駐車場	なし(コインパーキングが隣接)

土呂駅・大宮駅　　フランス料理

大宮璃宮
四季庭

おおみやりきゅう しきてい

JR宇都宮線土呂駅西口から徒歩で約10分
各線大宮駅西口から車で約20分

Lunch　バーニャカウダセット

▲ランチメニューに、特製バーニャカウダ、ミニオードブルプレート、芳醇な香りが楽しめるサイフォンスープ、コーヒーまたは紅茶が付くセット1320円。サラダバー、スープ、ドリンクが付くサラダバーランチセットもあり

Lunch　フォアグラハンバーグ

▲一番人気！ 肉汁たっぷりのハンバーグとフォアグラの絶妙なコラボレーション。2700円

Lunch　カニクリームコロッケ

▲オマール蝦のエキスを使用し、ズワイ蟹をたっぷり入れた極上の一皿。1450円

その他メニュー

- ディナーコース…2900円
- シェフズディナーコース…3900円
- ローストビーフディナー…5700円
- ビーフシチューオムライス…1485円
- サーモンムニエル…1650円
- 牛サーロインステーキ…2700円

▲普段はなかなか味わえない広々としたラグジュアリーな店内

広大な庭園を臨む非日常空間

結婚式場、大宮璃宮3階にあるカフェ＆レストラン。一歩足を踏み入れると、天井高で開放感のある空間が広がる。華やかなシャンデリアや調度品などインテリアにもこだわりがキラリ。ホテルのロビーで過ごしているかのような優雅なランチタイムを実現してくれる。

結婚式さながらの本格フレンチ

パートナー農家の有機野菜や選りすぐりの肉や魚など美味なる食材を使った本格フレンチを提供。一流ホテルで修業したシェフが丹精込めて作る美食はどれも色鮮やかで豪華だ。専属パティシエによるデザートも必食。ランチは満席のことが多いので、早めの予約がベター。

TEL	☎048-662-5551
住所	埼玉県さいたま市北区植竹町1-816-7　大宮離宮
予約	ランチ可　ディナー可
営業時間	ランチ 11:00 〜 14:30(L.O.14:00) カフェ 14:30〜17:00(L.O.16:30) ディナー 17:30 〜 21:30(L.O.20:30)
定休日	不定休
席数	38席
禁煙席	全席禁煙
個室	個室4室(収容人数30人／個室全席禁煙)
予算	ランチ 2000円　ディナー 4000円
駐車場	65台(無料)

※サービス料10%が必要　※チャージ料は最低保証料金として飲食代を含めて10万円が必要(税込み、サ別)

◀カフェタイムはデザートブッフェがおすすめ！

うちの自慢

▲緑豊かなお庭を臨む個室も完備。大切なゲストをもてなすのに最適なプライベート空間だ

大宮／鉄道博物館駅

鉄道博物館駅　　フランス料理／イタリア料理

イタリアン・フレンチ
レ・スリジェ

Italian French Les Cerisiers

ニューシャトル鉄道博物館駅から徒歩で約7分

Lunch

フォワグラのソテーのサラダ仕立て
（フォアグラコースの料理）

▲厳選したフランス産のフォアグラを使用したオードブル。甘みとコクがあるポルト酒のソースに、フランボワーズビネガーを効かせ、香りよく仕上げた逸品。バースデーや記念日に人気。4644円

Lunch

Bコース

▲スープ、オードブルは2種から、メインは魚・肉・パスタの3種から選べるコース。2538円

Lunch & Dinner

デザート盛合わせ
（ランチBコース以上、ディナーコースのデザート）

▲常時7種類の日替わりスイーツから選ぶ、デザートワゴン。季節の果物とともに頂ける

その他メニュー

- ランチAコース…1858円
- ランチおすすめコース…3132円
- ディナーAコース…4320円
- スペシャルフルコース…7020円
- ブランマンジェ…コースのデザート
- フランボワーズソーダ
  （食前酒）…702円

▲アイボリーを基調とした店内に暖色系の照明が温もりを与える

和やかな雰囲気の中で至福のひとときを

広々とした店内には窓の外から明るい光が入り、とても穏やかな雰囲気。手作りの日替わりパンや、前菜からメインまで手が込んだ料理をゆったり堪能することができる。特に女性にはデザートが好評だ。クオリティの高い料理は丁寧なサービスとともに最後まで満足できるはず。

厳選された食材を使った体を労る料理

毎朝オーナーシェフ自ら市場に出向き、無農薬有機野菜や活〆の新鮮な魚介類を仕入れ、安全で体に優しい料理を提供する。パンやデザートも全て手作りでハーブを練り込んだ麺なども人気。2週間ごとにメニューを変えるので、行くたびに新しい味に出会える。

TEL	☎048-664-8881
住所	埼玉県さいたま市北区東大成町2-214 クレセントビル2F
予約	ランチ可　ディナー可
営業時間	ランチ 11:30〜15:00 (L.O.14:00) ディナー 17:30〜22:00 (L.O.20:30)
定休日	日曜・第2土曜
席数	36席
禁煙席	全席禁煙
個室	1室（半個室）
予算	ランチ 1858円　ディナー 6000円
駐車場	7台（無料）

◀明るく落ち着いた半個室は、最大8名までOK

うちの自慢

▲期間限定の「いちじくのタルト」。一番人気のデザートで、Bコース以上のデザート盛合わせに登場

大宮駅　イタリア料理

アルタビスタガーデン

altavista garden

各線大宮駅西口から東武バス平方行き
「宮前団地」下車徒歩で約1分

Lunch シェフズランチコース

▲前菜の盛り合わせ、季節の野菜を使ったスープ、魚または肉から選べるメイン、月替わりのシーズナルデザート、パン、ドリンクが付いて1950円。写真のメインは「スズキのポワレ赤ワインソース」

Lunch 骨付きポークチョップのグリル
（シェフズランチコースの料理。アラカルトでも提供）

▲日によって変わるシェフおすすめの本日のお肉料理。単品での注文も可能。860円

Lunch & Dinner アニバーサリーケーキ
（アラカルトで提供）

▲誕生日などの記念日のお祝いに最適な3号サイズのショートケーキ。要予約

その他メニュー

- パスタランチ…1080円
- パンシチューランチ…1300円
- デザートワゴン…430円
- ハーフパスタ…650円
- 生ビール…650円
- グラスワイン…540円

▲緑豊かな庭園を眺めながら食事を楽しめる最高の空間

センスが光る非日常ダイニング

「食」をテーマにお客さまに素敵な時間を提供するレストラン。結婚式場ならではの上質なインテリアでラグジュアリーな雰囲気が漂う。シャンデリアが印象的なテーブル席、ペンダントライトが照らすおしゃれなバーカウンター席、開放的で緑豊かなテラス席を用意。

月ごとに変わる旬素材イタリアン

オープンキッチンで作られるのは、イタリアンベースの料理。契約農家から直接届く旬野菜を使用。人気は、季節を感じられる「シーズナルランチ」やカイノミを赤ワインでじっくり煮込んだ「特製パンシチュー」だ。サイフォンで落とすオーガニックコーヒーが食後のお楽しみ。

◀ガラリと雰囲気が変わるディナータイム。デートにもおすすめ

TEL	☎048-620-1001
住所	埼玉県さいたま市西区宮前町1992-1
予約	ランチ不可　ディナー可
営業時間	ランチ 11:00〜15:30(L.O.14:30) ディナー 18:00〜22:30(L.O.21:30)
定休日	火曜
席数	60席(うちテラス席12席、カウンター席8席、テーブル席40席)
禁煙席	全席禁煙
個室	個室2室(収容人数4〜24人/チャージ料1万800円/個室全席禁煙)
予算	ランチ 1500円　ディナー 4500円
駐車場	60台(無料)

うちの自慢

▲泳ぐ鯉を眺めながらランチを楽しめるテラス席はリラックスできて◎

大宮/さいたま新都心駅

さいたま新都心駅　　フランス料理

フランス料理
アルピーノ

Alpino

JRさいたま新都心駅東口から
徒歩で約8分

Lunch　　オルムコース

▲さいたま市岩槻の若手グループが作る「ヨーロッパ野菜研究会」の新鮮な野菜を使い、乳脂肪を控えた食後感のよいコース。前菜、スープ、選べるメイン、デザート、コーヒーが付いて3240円

Lunch & Dinner　シェフおまかせメニューの
メイン料理

▲仔羊の背肉にタイムの香りをまとわせ、香ばしく焼いた一皿。7560円コースの肉料理
※季節により変更

Lunch & Dinner　ココナッツのブランマンジェ
パッションフルーツと
バジルシードのスープ仕立て

▲パッションフルーツの酸味とココナッツの濃厚さが◎。7560円コースのデザート
※季節により変更

その他メニュー

- エレガントコース…4683円
- 思い出のメニュー…7616円
- 季節のメニュー…10800円
- メニューシンフォニー…14040円
- ソムリエおすすめ
  グラスシャンパーニュ…1620円

▲窓からは豊かな緑が見え、さわやかな気分で食事ができる

創業45周年の老舗フランス料理店

1969年にオープンして以来、地元の人に愛され続けるお店。開店当初と店構えこそ違えども、心のゆき届いたおもてなしと、時代とともに変化する料理を提供している。店内には外からの光が降り注ぎ、明るく清潔感がある空間が広がる。特別なひとときを過ごしたい人にぴったり。

厳選した素材を生かした料理

新鮮で安全な素材の仕入れから始まり、手をかけすぎず、素材の持つ香りや力を引き出す料理を手がける。地下には徹底的に管理されたワインセラーがあり、2000本以上のワインが眠っている。ソムリエが相談にのってくれるので、ぜひワインを頂きながら料理を楽しみたい。

TEL	☎048-641-9489
住所	埼玉県さいたま市大宮区北袋町1-130
予約	ランチ可　ディナー可
営業時間	ランチ 11:30～15:00 (L.O.14:00) ディナー 17:30～22:30 (L.O.21:00)
定休日	火曜
席数	46席
禁煙席	全席禁煙
個室	1室（収容人数6～10人／チャージ料無料）
予算	ランチ 3564円　ディナー 8316円
駐車場	30台（無料）

※サービス料10%が必要

◀グランシェフの鎌田さん。30年以上にわたってアルピーノで腕をふるう

うちの自慢

▲庭の緑が美しく内装はエレガントなつくり。レストランウェディングの会場としても人気が高い

大宮駅・大宮公園駅　　和食

会席料理
東山

かいせきりょうり ひがしやま

各線大宮駅東口から車で約8分
東武野田線大宮公園駅から
徒歩で約10分

Lunch　ミニ会席

▲レストランで火・水・金曜のみ提供するお気軽会席。女性にちょうどよいボリューム。4860円

Lunch & Dinner　手打ち蕎麦

▲上品な蕎麦の香りが広がる。8000円全9品以上のコースであれば希望により頂ける

Lunch　会席コース 花

▲ゆっくり時間をかけて堪能したい、ランチで味わえる会席料理。前菜から吸物、刺身、煮物、揚物、和牛ステーキ、小鍋（夏は台の物）、食事、デザートまで9品と、内容充実のコース。8640円

その他メニュー

- 寿能御膳…3024円
- ミニ会席 山吹…4860円
- 銀コース（15名よりの宴会コース、サービス料込）…9332円
- 金コース（10名よりの宴会コース、サービス料込）…11664円
- 七五三コース…8133円
- 結納コース 彩…9720円

▲落ち着く和の空間で、時間を忘れてのんびり食事ができる

幅広い用途に使える老舗料亭

創業100年以上になる老舗割烹旅館。大宮公園からほど近い場所にあり、趣のある離れや洋風テイストのお部屋、宴会にぴったりな大広間など、様々なお部屋で料理を頂くことができる。窓の外に見える四季折々の草花を眺めながら、普段とは違う、贅沢な時間を味わって。

彩り豊かな会席料理に舌つづみ

旬の食材を取り入れ、季節を感じられる彩り鮮やかな料理を提供。ランチで食べられる会席は6種類と豊富。その他、併設のレストランで頂ける「ミニ会席」や「御膳」はお手頃な値段なので、気軽に会席を楽しめるのが嬉しい。食事とともに、選び抜かれた器にも注目したい。

TEL	☎048-641-2615
住所	埼玉県さいたま市大宮区寿能町2-25
予約	ランチ可　ディナー可
営業時間	11:30～22:00(L.O.20:00) ランチタイム 11:30～15:00(L.O.13:00)
定休日	不定休
席数	225席
禁煙席	あり
個室	10室（収容人数2～100人／チャージ料・特に部屋の指定ない限り不要／一部喫煙可）
予算	ランチ 3000円　ディナー 7500円
駐車場	30台（無料）

※送迎あり（10名以上の利用・要相談）

◀お祝いの席にぴったりな大広間。椅子席も利用することができる

うちの自慢

▲にじり口のある本格的な茶室付きの離れも用意。食事と合わせて、風流な時間を過ごしたい

大宮／大宮駅

大宮駅　フランス料理

プロヴァンスヴェール

Provence Verte

各線大宮駅東口から
徒歩で約8分

Lunch & Dinner

ロールキャベツ
（コース内の料理）

▲メインはボリュームたっぷりだが、野菜をふんだんに使っているのでヘルシー。前菜、スープ、メイン、自家製パン or ライス、本日のデザートなどが付いて2700円。パンとライス以外は全て選べる

Lunch & Dinner

田舎風サラダ
生ハム添え
（コース内の料理）

▲大きめの生ハムがのった、フランスの田舎風サラダ。彩り鮮やかな新鮮野菜を使っている

Lunch & Dinner

オレンジ風味の
クレームブリュレ
（コース内の料理）

▲オレンジの皮と果汁で風味を付けたクレームブリュレ。フルーツとアイスを添えて

その他メニュー

- ディナーコース…3780円
- 日替わりディナー…2052円
- 本日のおまかせフルコース…5238円
- プロヴァンスヴェール風魚介のブイアベース…2862円
- 牛肉のグリルマスタード…1944円
- 海の幸の盛り合わせプロヴァンス風セット…2700円

▲シックな色味のインテリアで統一された、落ち着いた店内

地元に愛されるカジュアルフレンチ

マンションの半地下にあるフランス料理店。オープン以来、カジュアルなフレンチが楽しめると地元客に人気だ。リピーター率も高く、特にランチ時は地元の主婦で賑わうので、事前予約がおすすめ。オーナーシェフ自ら市場に出向き、厳選した旬の食材を使った料理が楽しめる。

体に優しい、素朴な味わいの家庭料理

味わえるのはフランスの田舎風家庭料理。メニューはどれも野菜をたっぷり使っており、優しい味付けがポイント。前菜からデザートまでボリュームたっぷりのコースは男女問わず満足度が高い。ランチで好評の自家製パンは店内で販売しているので、お持ち帰り用にも◎。

◀半個室もあるので、ランチ会やちょっとしたパーティーに利用したい

TEL	☎048-649-5822
住所	埼玉県さいたま市大宮区大門町3-50 VIPロイヤル氷川台B1
予約	ランチ可　ディナー可
営業時間	ランチ 11:30～15:30(L.O.14:30) ディナー 18:00～23:30(L.O.21:30)
定休日	月曜
席数	28席（うちカウンター席2席）
禁煙席	全席禁煙
個室	半個室1室（収容人数6～12人／チャージ料無料／半個室全席禁煙）
予算	ランチ 1620円　ディナー 4320円
駐車場	なし

うちの自慢

▲ラム酒風味の「ミニカヌレ」は1個50円！お昼にはすでに売り切れてしまうことも

さいたま新都心駅　　イタリア料理

イタリア料理
イルクオーレ

Il Cuore

JRさいたま新都心駅東口から
徒歩で約7分

Lunch　Bランチ

▲彩りのよい料理が、目でも舌でも存分に楽しめるコース。前菜、スープ、パスタ、メイン、デザート、コーヒーが付いて2916円。ボリューミーで満足度が高いメニュー

Lunch　Bランチ プリフィクス

▲Bランチはパスタは2種類から、メインは3種類の中からチョイス。写真はパスタとメインの一例

Lunch　Aランチ

▲前菜の盛り合わせ、3種類の中から選べるパスタ、デザートとコーヒー付きで1728円

その他メニュー

- フェリーチェコース…4104円
- クオーレコース…5724円
- シェフおまかせコース…7560円
- 生ハムとルッコラのピッツァ …1512円
- スパゲッティ ウニのトマトクリームソース ガーリック風味…1944円

▲店名に由来するステンドグラスとポップな絵画が明るい印象

イタリアの民家をイメージしたお店

トスカーナ地方で見られる、石造りと白壁でできた一軒家風レストラン。店内は、暖色系の照明と、明るい色味で統一された木製のフローリングやインテリアが調和し、和やかな雰囲気。イタリア語で「真心」という店名のとおり心のこもったサービスとともにランチを楽しめる。

有機野菜や新鮮食材で体に優しい料理

新鮮な野菜や魚介類をふんだんに使った、おいしくて体に嬉しいイタリアンを提供する。食の安全にも留意しており、EM栽培された有機野菜を使用。定番のメニューからオリジナル料理まで幅広く揃うので、気に入った料理があれば家庭でも参考にしてみたい。ワインも豊富。

TEL	☎048-647-2876
住所	埼玉県さいたま市大宮区北袋町1-148
予約	ランチ可　ディナー可
営業時間	ランチ 11:30〜15:00(L.O.14:00) ディナー 17:30〜22:00(L.O.21:00)
定休日	月曜
席数	40席
禁煙席	全席禁煙
個室	2室（収容人数8〜25人／チャージ料無料）
予算	ランチ 2000円　ディナー 4500円
駐車場	20台（無料）

※ディナーはサービス料5%が必要

◀西山シェフと遠藤マネージャー。真心をこめた料理とサービスを届けてくれる

うちの自慢

▲料理にはEM栽培された有機野菜を使用している。人気の「季節野菜のバーニャカウダ」は1620円

大宮/さいたま新都心駅

さいたま新都心駅　　洋食

洋食
素敵屋さん

ようしょく すてきやさん

JRさいたま新都心駅東口から
徒歩で約8分

Lunch

ステーキ丼（素敵丼）

▲毎朝精米するおいしいご飯にオーストラリア産穀物飼育牛をのせて、ソースは特製醤油ベースにじっくり炒めた玉葱の甘さとフレッシュマッシュルームでうま味をプラス。サラダ、スープ、漬け物付きで 1620 円

Lunch & Dinner　ビーフシチュー
（ランチ、ディナーセットの料理。アラカルトでも提供）

▲国産牛のバラ肉を特製ソースで丸1日煮込んで作る。ご飯と相性バツグン。単品は1836円

Lunch & Dinner　ビーフカツレツ
（ランチ、ディナーセットの料理。アラカルトでも提供）

▲厚みのある国産牛ヒレ肉を少ない油でじっくり焼き上げる一皿。単品は3240円

その他メニュー

- カニクリームコロッケ…1620円
- ハヤシライス…1620円
- ハンバーグランチ(10食限定)…1836円
- カツレツコース…4320円
- 美味しんぼコース…4860円
- 素敵なコース…7560円

▲作家による手作りの木製インテリアが心地よさを演出

木々に囲まれた癒しの洋食屋

いろいろなジャンルのレストランや専門店が入っている「アルピーノ村」。中でも「素敵屋さん」では、「お肉」をメインにした洋食を取り扱う。四季折々の花や木々に囲まれたお店は、築100年の小さな蔵。店内にも木の温もりが溢れ、居心地の良い空間が広がっている。

肉料理を堪能できるお店

お店の自慢は何と言っても肉料理。肉は国産と安全性が高いオーストラリア産を使用し、ご飯との相性を重視したソースも丁寧に作っている。ランチではステーキ丼、ビーフシチューが特に人気で、限定10食のハンバーグランチは月替りの人気メニュー。

TEL	☎048-644-9961
住所	埼玉県さいたま市大宮区北袋町1-147
予約	ランチ可　ディナー可
営業時間	ランチ 11:30～15:00(L.O.14:00) ディナー 17:00～22:00(L.O.21:00)
定休日	水曜
席数	26席(うちカウンター席4席)
禁煙席	全席禁煙
個室	なし
予算	ランチ 1620円　ディナー 2700円
駐車場	20台(無料)

◀ハーブや木々に囲まれた、隠れ家的なレストラン

うちの自慢

▲日替わりで用意される漬け物バイキング。種類も豊富で、浅漬け、しば漬けなどさまざま

南与野駅　イタリア料理

バンビーナ バンビーノ

Bambina Bmbino

JR埼京線南与野駅から
徒歩で約3分

Dinner

イカの網焼き
（アラカルトで提供）

▲まるごと一匹のイカを豪快に焼き上げたお店の人気メニュー。食べごたえも十分で、小さな子どもから大人までリピーター続出のグリル料理！　788円

Lunch

秋野菜とチョリソーのピッツァ
（コースの料理）

▲オードブル、ピッツァ or パスタ、デザート、ドリンクが付くコース（1449円）のピッツァ一例

Lunch & Dinner

チキンソテー丼
（アラカルトで提供）

▲チキンソテーの下に野菜がたっぷり敷かれた、人気の丼ぶり。カップスープ付き 950円

その他メニュー

- アボカドサーモン…734円
- アランチーニ…626円
- ミートソースのラザーニャ…1058円
- いか墨のリゾット…1036円
- ペンネクリームのドリア…1036円
- じゃがいもほうれん草のニョッキ…928円

陽気なカジュアルイタリア料理店

南与野駅近くにある一軒家イタリア料理のお店。扉を開けると青空が描かれた天井と広場をイメージした開放的な空間は、まるで外で食事をしているような不思議な感覚で居心地がよい。南イタリアを思わせる素朴なインテリアも魅力で、幅広い年代から支持されている。

モッチリ食感のピッツァが絶品！

カジュアルな店内ながら、料理の味は本場顔負け。石窯で焼くピッツァの生地もこだわりの自家製で、薄いタイプの生地だが、食べるとモッチリしていて美味。味わい深いソースに絡まったパスタも◎。毎月パスタ、ピッツァの内容を3種類ずつ変更。行くたび違う味を楽しめる。

TEL	☎048-851-6878
住所	埼玉県さいたま市中央区鈴谷5-3-18
予約	ランチ可　ディナー可
営業時間	11:00～23:00(L.O.22:30) ランチメニューは11:00～15:00(L.O.14:00)
定休日	月曜
席数	100席(テーブル席)
禁煙席	一部喫煙可(※週末ランチタイムは全席禁煙)
個室	個室1室(収容人数10～30人/チャージ料無料/個室喫煙可)
予算	ランチ 1500円　ディナー 2000円
駐車場	25台(無料)

▲デザートのいちおしは「クレームブリュレ(バニラアイス添え)」！

うちの自慢

▲素朴な家具が配された明るい店内が魅力。10～30名までのグループに人気のスペースも

浦和／与野本町駅

与野本町駅　和食

京雀

きょうすずめ

JR埼京線与野本町駅
西口から徒歩で約5分

Lunch & Dinner　**ハモ湯引き**
（アラカルトで提供）

▲人気メニュー1590円。骨切りの技がキラリと光る。夏にはぜひ押さえたい逸品

Lunch & Dinner　**すっぽん鍋**
（アラカルトで提供）

▲秋から冬にかけて登場するコラーゲンたっぷりのお鍋1810円。美肌効果に期待大！

Lunch　**昼会席**

▲胡麻豆腐、お造り、八寸、煮物、てんぷら、ご飯、赤出し、デザートまで頂ける大満足のコース 2780円。いろんな味が楽しめるので女性に人気。友だちとの集まりはもちろん、お祝いごとにもおすすめ

その他メニュー

- 御膳…1990円
- 天ぷら定食…1350円
- 鴨ロース…840円
- しゃもさし…1050円
- 嵯峨豆腐…540円

▲京都の舞妓団扇が飾られた落ち着いた雰囲気のカウンター席

カジュアルに頂ける料亭の味

京都で修業を積んだ店主が「料亭」の味を気軽に味わってほしいという思いで始めた和食店。和の情緒漂うしっとりとした店内には、琴の音が静かに流れる。メニューはメディアでも紹介されたふわふわの「玉子丼」から「会席コース」まで幅広く、本格和食をリーズナブルに提供。

四季の移り変わりを感じられる和食

春は山菜や竹の子、夏はあわやはも、秋は松茸、冬はふぐやすっぽん…季節に合わせて様々な素材を使用。京野菜や京都嵐山のコクのある嵯峨豆腐、魚沼産のコシヒカリなど選び抜いた食材、調味料で素材を活かした和食を作る。ひと口食べれば、旬の味覚にほっこり心も和むはず。

◀九州日向灘から直送される新鮮な魚たちを丁寧に調理している

うちの自慢

▲九条葱、加茂なす、万願寺甘唐辛子…京都から入荷する旬の京野菜をたくさん食べられる

TEL	☎048-858-5675
住所	埼玉県さいたま市中央区本町西1-3-24
予約	ランチ可　ディナー可
営業時間	ランチ 11:30～14:00 (L.O.) ディナー 17:00～22:00 (L.O.)
定休日	水曜
席数	24席（うちカウンター席8席、テーブル席8席、座敷8席）
禁煙席	全席喫煙可
個室	個室1室（収容人数8～10人／チャージ料なし／個室喫煙可）
予算	ランチ 1000円　ディナー 5000円
駐車場	4台（無料）

浦和／与野本町駅

与野本町駅　　フランス料理

シャンソニエ

chansonnier

JR埼京線与野本町駅から
徒歩で約10分

ランチ A コース

Lunch

▲スープ、魚料理または肉料理、自家製ケーキ盛り合わせアイス添え、コーヒーまたは紅茶、パンが付いて2100円のコース。内容は月替わりで四季折々の食材を使ったお料理が存分に楽しめる内容だ

Lunch

白身魚のベニエ
蜂蜜レモンソース
（コースの料理）

▲ランチコース共通のメイン。魚料理の一例。甘酸っぱいソースが淡泊な白身魚とマッチ

Dinner

ディナー日替わり
ヘルシーコース共通のオードブル

▲ディナーコース共通のオードブルの一例。盛り付けの美しさもファンが多い秘密のひとつ

その他メニュー

- ランチ Bコースポタージュ付き…3500円
- ランチCコース…4100円
- ランチフルコース…5150円
- ディナーミニコース…2900円
- ディナーヘルシーコース…5700円
- ディナー月替わり…8640円

▲明るくエレガントな店内。貸し切りウエディングも受付

アールヌーボー調の素敵な空間

「見て楽しく、食べて美味しい」をコンセプトにしたフレンチレストラン。ゆったりめにテーブルを配置し、窓からやさしい光が差し込むメインダイニングはアールヌーボー調で上質を極める。フランス産中心にセレクトされたワインと共に贅沢なひとときを過ごしたい。

プライスを超える旬素材フレンチ

コストパフォーマンスに秀でたコースで頂けるのは、季節感のあるオリジナリティー溢れる料理の数々。魚や肉料理のソースなどは、基本に忠実に作った本格ソースで一皿一皿の完成度が高い。さいたま市推奨菓子で連続金賞を手にした抹茶ケーキなどデザートも好評だ。

TEL	☎048-857-8800
住所	埼玉県さいたま市中央区本町西2-6-6
予約	ランチ可 ディナー可
営業時間	ランチ 11:30～15:00(L.O.14:00) ディナー 17:30～22:00(L.O.20:30)
定休日	水曜
席数	60席
禁煙席	全席禁煙
個室	個室2室(収容人数4～30人／チャージ料無料／個室全席禁煙)
予算	ランチ 3000円　ディナー 6000円
駐車場	20台(無料)

▲6～32人まで利用できる個室もあり。お祝いの日にぜひ

うちの自慢

▲本格自家製スイーツも必食。しっとり口どけのよいスフレケーキは、誕生日のお祝いに最適

浦和／浦和駅

浦和駅　フランス料理

フレンチ居酒屋
Bon Tigger 浦和店

フレンチ いざかや ボン ティガー うらわてん

JR浦和駅東口から
徒歩で約3分

Lunch

Bon Tigger ランチ

▲ランチで一番人気のコース。前菜、パン、スープ、肉と魚料理の盛り合わせ、デザート、コーヒー or 紅茶付きで 1500 円。メインはその日の仕入状況で変わる。写真右は前菜の「お刺身サラダ」で単品でも注文 OK

Dinner　本日のキッシュロレーヌ
（アラカルトで提供）

▲日替わりのキッシュ。旬の野菜を卵とともにオーブンで焼いた逸品。594 円

Lunch　French ランチ

▲メインにお肉と魚が両方つく、ボリュームたっぷりのコース。2800 円

その他メニュー

- シェフのおまかせフルコースランチ（予約制）…3780円
- 松井さんの畑のバーニャカウダー…562円
- いぶり鴨の生ハムカルパッチョ ラビゴットソース…702円
- ソテードヴォー（仔牛の煮込み）…1275円
- きまぐれブラマンジェ…411円

▲暖色系の明かりが、居心地よく落ち着く雰囲気を演出

気軽に楽しむ町のビストロ

駅近でありながら、落ち着ける隠れ家的なお店。フレンチを気軽に楽しんでもらいたいと、お箸でいただくスタイルで料理を提供する。店内はフロアを仕切れるのでパーティーにもぴったり！ 特にランチタイムは地元の主婦や家族連れなどに大人気だ。

フレンチベースの創作料理を堪能

肉・野菜は長年付き合いのある肉屋や農家から直接仕入れており、鮮度のよいものだけを使用。ワインの種類も豊富でそれに合う料理も多く揃う。本場パリで修行したシェフをはじめ、フランス料理を極めた料理人たちによる創作フレンチが満喫できる。

TEL	☎048-678-2662
住所	埼玉県さいたま市浦和区東仲町12-7
予約	ランチ可　ディナー可
営業時間	ランチ 11:30～15:00(L.O.14:00) ディナー 17:00～24:00(L.O.23:00)ドリンクは(L.O.23:30) ※日・祝は(L.O.22:00)
定休日	無休
席数	60席（うちカウンター4席）
禁煙席	喫煙可（ランチタイムは全席禁煙）
個室	半個室2室あり
予算	ランチ 1500円　ディナー 3500円
駐車場	なし

▲特にフランス産のワインが豊富。食事とともにお酒も楽しんで

うちの自慢

▲アツアツの状態で食べられる、ストーブ鍋でつくった「牛ホホ肉の煮込み」。やわらかな食感

浦和／西浦和駅・中浦和駅

西浦和駅・中浦和駅　和食

割烹しのぶ

かっぽうしのぶ

JR武蔵野線西浦和駅から徒歩で約15分
JR埼京線中浦和駅から徒歩で約15分

 京ご膳

▲ボリューム満点の天ぷらと寿司の両方が楽しめる豪華なセットは 2700 円

Lunch & Dinner　オランダ会席

▲オランダおにぎり、フルーツの盛り合わせ、食後のコーヒーがセット。4320 円

Lunch & Dinner　会席料理

▲その日に仕入れた新鮮素材をふんだんに使った会席料理。大名椀に盛られたたっぷりの刺身、サクサクの天ぷらがウリ。お食事のご飯は、ざるそばに変更できる。5400 円～

その他メニュー

- ◆ レディースミニ会席…2160円
- ◆ お楽しみ膳…2700円
- ◆ 海鮮丼…2484円
- ◆ いろどり膳…1836円
- ◆ 花見ご膳…2160円
- ◆ あじさい膳…1836円

▲80人まで収容できる大広間。宴会や法事などで活用できる

全室個室！情緒漂う和空間

　刺身、煮物、焼物といった伝統の日本料理を気軽に楽しめるようにと、手頃な価格設定で提供する"割烹 しのぶ"。全室座敷の個室になっており、周りを気にせずゆったりとした雰囲気で食事できるのが人気の秘密。2名用の小さな個室からあるので、シーンに合わせて選びたい。

女性に人気の「オランダおにぎり」

　素材はその日その日に、市場で板長自らが目利きをしたモノを使用。素材の持ち味を生かす調理を心掛けているという。女性に人気のメニューは「オランダ会席」。オランダとは油を使った料理法のこと。油で焼いたおにぎりにカニの身と餡を掛けた「オランダおにぎり」が絶品だ。

◀手入れの行き届いた中庭では、5月頃クンシ蘭が見頃を迎える

TEL	☎048-863-2417
住所	埼玉県さいたま市桜区西堀5-7-21
予約	ランチ可 ディナー可
営業時間	ランチ 11:00～14:00(L.O.13:30) ※ランチメニューはフルタイムで注文可 ディナー 17:00～22:00(L.O.20:30)
定休日	月曜
席数	120席
禁煙席	全席喫煙可
個室	個室10室（収容人数1～80人／チャージ料無料／個室喫煙可）
予算	ランチ 2000円　ディナー 5000円
駐車場	20台(無料)

うちの自慢

▲お店の看板メニュー「しのぶ定食」2160円。大名椀の刺身と天ぷら、茶碗蒸しのセットだ

浦和／東浦和駅

東浦和駅　　イタリア料理

地中海食堂
タベタリーノ 東浦和店

ちちゅうかいしょくどう タベタリーノ ひがしうらわてん

JR武蔵野線東浦和駅から徒歩で約8分

Lunch & Dinner

ワタリガニのスパゲティと魚介のパエリア
（コースの料理・アラカルトでも提供）

▲写真左はワタリガニをまるごと1匹使った贅沢なスパゲティ1500円。写真右は新鮮な魚介類をたっぷりと使い、サフラン風味に仕上げたパエリア2700円。どちらもコースの料理だが、単品も可

Lunch

Cコース

▲前菜、パスタ、メイン、デザート、コーヒーが付くリッチなランチコース2680円

Lunch & Dinner

パルメザンチーズのリゾット
（アラカルトで提供）

▲チーズの中にお米を入れ、お客さんの目の前で仕上げる大人気メニュー1680円

その他メニュー

- パルマ産生ハム…1100円
- ピッツァ マルゲリータ…1180円
- 森の木の子のスープ…630円
- 名物長いソーセージ…1280円
- バーニャカウダ…1280円
- 鮮魚のアクアパッツア…1880円

▲落ち着いたトーンで統一されたお洒落で居心地のよい店内

海辺の町の食堂へプチトリップ！

「扉を開けたらそこはイタリア」をコンセプトに、"全て手作りの料理"と"楽しむ料理"をモットーにした地中海レストラン。地中海の田舎にあるレストランをイメージしたという内装は、アットホームで気取らず食事が楽しめる雰囲気。半個室もあるので記念日などに利用したい。

素材の旨味が詰まったイタリアン

イタリアンをベースに、フレンチやスパニッシュも提供。素材を吟味し、その素材を最大限に生かせる料理法で調理する。人気は「ワタリガニのスパゲティ」。カニのエキスたっぷりの濃厚な味わいにハマル人続出。毎日焼き上げるフォカッチャもモチモチで美味しいと評判だ。

TEL	☎048-876-0700
住所	埼玉県さいたま市緑区東浦和6-9-2
予約	ランチ可　ディナー可
営業時間	ランチ 11:30～15:00(L.O.14:00) ディナー 17:30～22:00(L.O.21:00)
定休日	火曜
席数	30席（テーブル席）
禁煙席	全席禁煙
個室	半個室1室（収容人数5～8人／チャージ料無料／個室全席禁煙）
予算	ランチ 1680円　ディナー 4000円
駐車場	7台（無料）

▲食後は、目で見ても食べても楽しめるドルチェ盛り合わせを

うちの自慢

▲アットホームな店構えなので、初めての人やおひとり様でも気軽に入りやすい雰囲気だ

東浦和駅　イタリア料理

イタリアンダイニング
フィーロ

Italian Dining Filo

JR武蔵野線東浦和駅から徒歩で約5分

牛ほほ肉の赤ワイン煮込み
（コースの料理）

Lunch & Dinner

▲1頭の牛からわずかしかとれないほほ肉を、野菜と一緒に時間をかけてコトコト煮込んだ贅沢なメニュー。口の中で溶けるほど柔らかい肉と、旨みたっぷりのソースは格別。シェフおまかせコースのメイン

シェフおまかせコース
（要予約）

Lunch & Dinner

▲前菜盛り合わせ、パスタ、メイン、ドルチェ、ドリンクが付いて5400円。要予約

合鴨とパルミジャーノチーズの焼きリゾット
（コースの料理）

Lunch & Dinner

▲クリーミィーな味わいで、こんがりチーズの食感がアクセント。シェフおまかせコースの一皿

その他メニュー

- スペシャルランチ…1980円
- ドルチェセット(ランチ)…1250円
- ラザニアセット(ランチ)…1250円
- リゾットセット(ランチ)…1250円
- プチドルチェ(ランチ)…400円
- 渡りがにの生パスタセット
  アメリケーヌソース(ランチ)…1680円

▲明るく落ち着いた雰囲気の中、イタリアンを堪能できる

本格的でありながらリーズナブル

閑静な住宅街にある「フィーロ」。入口にある小さな庭では、オリーブやバラなどの植物がお出迎え。店内に飾られた大きな絵は季節ごとにチェンジし、季節感を味わいながら食事を頂ける。高級感溢れる空間でありながら、前菜～パスタまでリーズナブルな価格で揃えられている。

トマトソースが評判のイタリアン

全国から吟味した食材で創作イタリアンを提供。もちもちの生パスタや、魚介を使ったリゾット、じっくり煮込んだ肉料理…といった本格イタリアンを味わえる。数種類のトマトソースを使った料理が特に好評だとか。イタリア全土から仕入れたワインと一緒に召し上がれ。

TEL	☎048-874-5514
住所	埼玉県さいたま市緑区東浦和5-28-6
予約	ランチ可　ディナー可
営業時間	ランチ 11:00～15:00(L.O.14:30) ディナー 17:00～22:00(L.O.21:30)
定休日	火曜
席数	22席(テーブル席)
禁煙席	ランチタイムは全席禁煙
個室	なし
予算	ランチ 1250円～　ディナー 3000円
駐車場	4台(無料)

▲窓から差し込む自然光が心地よい窓際の席。リラックスできそう

うちの自慢

▲春と秋には数種類のバラが咲き誇り、店頭を華やかに彩る。記念撮影するのもおすすめ

浦和／北浦和駅

北浦和駅　フランス料理

BISTROT
L'Arbre de Pin

ビストロ アーブル・ド・パン

JR京浜東北線北浦和駅
西口から徒歩で約2分

Lunch　月替わりランチコース

▲月ごとにテーマに添ったメニュー構成を楽しめるフルコース。アミューズ、前菜2品、スープ、魚料理、肉料理、プレデセール、デザート盛り合わせが付く2700円。1998円の月替わりランチコースもあり

Dinner　鴨のコンフィ
レンズ豆添え
（アラカルトで提供）

▲外はパリッ、中は柔らかジューシーな鴨のモモ肉。思いっきりかぶりつきたい。2480円

Dinner　特製ブイヤベース
（コースの料理・アラカルトでも提供）

▲オマール海老、イカなど、函館直送の魚介類の旨味を凝縮した濃厚なスープ。単品2980円

その他メニュー

- こだわりパテ ド カンパーニュ …680円
- ブーダンノワール…880円
- 風の丘ファームのバーニャカウダ …980円
- エスカルゴのオーブン焼き…780円
- 若鶏のロースト ハーブパン粉焼き …1980円

▲白で統一したモダンな店内。夜はキャンドルが美しく灯る

気取らず自然体で本格フレンチを

「フォーマルな空気感を大切にしつつ、誰でも入れるビストロ」をコンセプトに、正統派フランス料理を提供する"ビストロ アーブル・ド・パン"。ゆったり寛げるように、店内は白を基調とした落ち着きのある雰囲気。昼は少しフォーマルに、夜はカジュアルなビストロを演出。

素材が光るフレンチ×厳選ワイン

函館産直の魚介類、埼玉産地場野菜…シェフが特にこだわっているのは素材。看板メニューはそういった魚介をふんだんに使った「ブイヤベース」と赤身でヘルシーな「熊本産の赤毛和牛のロースト」。ソムリエが厳選したワインと共に美味なるマリアージュをぜひ堪能して。

TEL	☎048-789-7561
住所	埼玉県さいたま市浦和区北浦和4-3-8 USビル2F
予約	ランチ可 ディナー可
営業時間	ランチ 11:00〜15:30(L.O.14:00) ディナー 18:00〜23:00(L.O.22:00)
定休日	月曜
席数	36席(テーブル席)
禁煙席	一部喫煙可(※ランチタイムは全席禁煙)
個室	なし
予算	ランチ 2000円　ディナー 4500円
駐車場	なし(※近隣にコインパーキングあり)

▲ソムリエの山﨑さんが選ぶおいしいワインが、リーズナブルに頂けるのもうれしい

うちの自慢

▲素材にこだわり、魚料理には函館直送の鮮魚を中心に使用。魚の旨さを引き出しつつ仕上げる

浦和／北浦和駅

北浦和駅　　和食

二木屋

にきや

JR京浜東北線北浦和駅西口から徒歩で約10分

Lunch & Dinner　コースのお椀

▲季節の食材を使って仕立てる椀物。フタを開けると出汁の香りがふわっと広がる

Lunch & Dinner　コースの前菜

▲旬の食材を使った一品。季節感を味わえる、美しい盛り付けにも注目したい

Lunch & Dinner　鹿児島産黒毛和牛素焼のステーキ
（コースの料理・アラカルトでも提供）

▲良質な肉をシンプルにいただく一皿。肉本来の味を楽しむため、素焼きで調理し、味付けは醤油、岩塩、薬膳十味唐辛子から選べる。平日限定ランチでは鹿児島コース（4000円）からステーキが付く

その他メニュー

- 好百々(平日限定ランチのステーキが付かないコース)…2900円
- 鎌倉(平日限定ランチコース)…5000円
- 毎来(ディナーコース)…6300円
- 明覚(ディナーコース)…8400円
- のざき(ディナーコース)…13650円
- 備前で呑む生ビール(中)…720円

▲和の空間に、洋の重厚なインテリアがマッチした趣のある一室

最高級の和牛と最高のおもてなし

　国登録有形文化財の日本家屋で、高級和牛をメインとする会席料理を提供するお店。日本の歳時に合わせた飾り付けや、窓の外に広がる日本庭園を観ながらゆったり食事ができる。家族や友人のお祝い事など、ハレの日の食事にふさわしい席を最高のおもてなしで迎えてくれる。

一生に一度は食べたい幻のステーキ

　日本料理に合うステーキを探し、その末に見つけた幻の「のざき牛」。そのほか「鹿児島牛」など日本最高峰の和牛をシンプルな味付けで堪能できる。籾殻かまどを使ってふっくらと炊き上げるご飯や、季節感がある前菜やお椀など、ステーキ以外にも細やかな心づかいが感じられる。

◀お店が信頼を寄せる名酪農家、野崎さんによって厳選されたのざき牛

うちの自慢

TEL	☎048-825-4777
住所	埼玉県さいたま市中央区大戸4-14-2
予約	ランチ可　ディナー可
営業時間	ランチ 平日 11:00～15:10(L.O.14:00) 土曜・日曜・祝日 11:30～15:00(L.O.13:30) ディナー 17:30～22:00(L.O.20:40)
定休日	不定休
席数	70席(うち掘りごたつ席4席)
禁煙席	全席禁煙※喫煙スペースあり
個室	6室(収容人数2～6人／チャージ料・飲食の10％／個室喫煙可)
予算	ランチ 4000円～　ディナー 12000円～
駐車場	12台(無料)

▲広い庭には季節によって様々な草花が顔を出す。夜にはかがり火が焚かれ、神秘的な印象に

北浦和駅　フランス料理

Bistro
畑の鍵

ビストロ はたけのかぎ

JR京浜東北線北浦和駅
東口から徒歩で約2分

Lunch

ビストロランチ

▲旬野菜のサラダをはじめ、新鮮野菜をたっぷり摂れるヘルシーなコース。しかもボリュームたっぷり！ 季節の前菜、パン、魚料理、メイン（日替わりの肉か魚）、デザート、コーヒー or 紅茶付きで 2000 円

Lunch & Dinner

仔羊の香草ロースト
（ランチはコース、ディナーはアラカルトで提供）

▲肉好きシェフが厳選した日替わりのメイン。付け合わせの野菜も越谷産！単品では 2200 円。ランチコースでは＋800 円で食べられる

その他メニュー

- 畑のバーニャカウダ…1280円
- 自家製鴨のスモーク…600円
- エビのアヒージョ…980円
- 銀ムツのカマ香草ロースト…1280円
- 田舎風テリーヌ…600円
- 日光豚のステーキ…1400円

▲白とブラウンで統一されたおしゃれな店内

思わず足を踏み入れたくなるお店

地産地消をモットーにした、浦和の隠れ家的お店。店頭のワイン樽と、入口に飾られた鍵が目印だ。ウッドデッキを配したナチュラルな外観はどこか温かく立ち寄りやすい雰囲気。白壁と深い茶色の木で統一された店内は落ち着ける空間なので、リラックスしながら味わおう。

越谷産の食材を使った創作フレンチ

「形にこだわらず、自由な発想で」というコンセプトのもと、旬の素材をなるべくシンプルに味付けし、素材を生かす料理を提供している。お客さんの間で「とにかくおいしい！」と評判の野菜はすぐ近くの越谷でとれたもの。仕入れたその日に調理するため新鮮さはピカイチだ。

▲フランス2つ星のレストランで修行したオーナーシェフが腕をふるう

うちの自慢

▲オーナーシェフが朝仕入れる、こだわりの越谷産野菜。野菜をたっぷり摂れると女性に人気

TEL	☎048-884-6119
住所	埼玉県さいたま市浦和区元町2-4-4 エステートyamazaki1F
予約	ランチ可 ディナー可
営業時間	ランチ 11:30～14:30(L.O.13:30) ディナー 18:00～23:00(L.O.22:00)
定休日	火曜
席数	20席
禁煙席	あり※ランチタイムは全席禁煙
個室	半個室あり(収容人数2人～4人／チャージ料無料／個室は全席禁煙)
予算	ランチ 2000円　ディナー 4000円
駐車場	なし

浦和／浦和駅

浦和駅　和食

すし 二乃宮

すし にのみや

JR 浦和駅西口から
徒歩で約5分

Lunch & Dinner　旬のおまかせにぎり

▲カウンターでは1貫ずつ自家製煮切り醤油を塗りながら丁寧に提供。サラダなどがついて2050円

Lunch & Dinner　自家製豆乳豆腐
（アラカルトで提供）

▲豆乳と生クリームで流した自家製豆腐。まろやかな味わいが一度食べるとヤミツキに。502円

Lunch & Dinner　金寿（きんじゅ）

▲前菜3点、焼魚、サラダ、茶碗蒸し、握り、デザートが楽しめるとってもヘルシーなコース3300円。握りには女性に人気が高い芽ネギも並ぶ

その他メニュー

- 銀ダラ西京焼き…885円
- カニミソ和え…495円
- 自家製さつま揚げ…595円
- クリームチーズ味噌漬け…545円
- 本日のカマ焼き…845円

▲高級感溢れる2階カウンター席。1組から貸し切りにも対応

板前さんの技を間近に！

浦和駅から徒歩5分、隠れ家的な寿司処。3階建て店内の1階、2階は全てカウンター席。特注の埋め込み式カウンターでゲストからの目線を水平にすることで、寿司職人の熟練された技を眺めながら食事を楽しめるようになっている。しっとり落ち着いた雰囲気も評判だ。

匠が織り成す本物志向の寿司

毎朝築地から直送した選りすぐりの旬の魚を使用。長崎壱岐の本マグロなど最高のネタを丁寧に職人が握ってゆく。味も舌触りもよいマグロをひと口ほおばれば、幸福感に満たされるはずだ。寿司職人だけでなく、和食の職人もおり、一品料理や懐石料理も完成度が高い。

TEL	☎048-814-3377
住所	埼玉県さいたま市浦和区仲町1-4-17
予約	ランチ可 ディナー可
営業時間	ランチ 11:00～14:00(L.O.13:50) ディナー 17:00～23:00(L.O.22:50) 日祝 11:30～23:00(L.O.22:50) ※ランチメニューは11:30～14:00(L.O.13:50)
定休日	なし
席数	40席(うちカウンター席18席、テーブル席22席)
禁煙席	一部喫煙可(※ランチタイムは全席禁煙)
個室	半個室4室(収容人数2～18人／チャージ料無料／一部喫煙可)
予算	ランチ 1050円～　ディナー 7000円～
駐車場	なし

◀ゆったりしっとり寛げる掘りごたつの個室も評判

うちの自慢

▲1階、2階共にカウンター席を用意。常に緊張感を持って寿司職人がゲストと向き合う

浦和／浦和駅

浦和駅　　フランス料理

Restaurant La voile

レストラン ラ・ヴォワール

JR 浦和駅西口より
徒歩で約7分

ランチ B コース

▲前菜、デザートは全 3 種の中から好きなモノを選べる。メインは肉料理と魚料理。コーヒーまたは紅茶、プティフールも付いて 3300 円。プラス 400 円でハーフポタージュ、600 円でポタージュを追加できる

ノルウェーサーモンと白菜のタルタル九条葱のソース サフランの泡を添えて
（コースの料理）

▲昆布の旨味とサフランで作った泡がふわっと香って絶品。コースの前菜は月替わり

スペシャルランチコースの一部

▲フォアグラやキャビアなどが堪能できる贅沢なコース 8000 円。大切な記念日におすすめ

その他メニュー

- Aコース…2500円
- Cコース（シェフのおすすめコース）…4800円
- Dコース（スペシャルランチコース）…8000円
- 記念日プラン（ディナー）…5980円（サービス料別途）

▲ディナータイムは柔らかな照明の灯りで満たされ、ムード満点

重厚感溢れる大人なレストラン

パリの「ル・ムーリス」（現・三つ星）やボルドーの「シャトーコルディヤンバージュ」（現・二つ星）といった名店で修業を積んだシェフの店。扉を開けるとそこに広がるのは、重厚なアールヌーボー調とモダンなテイストが融合した非日常空間。とびきり贅沢なひとときをぜひ。

本場で学んだシェフの野菜フレンチ

埼玉県岩槻産、ヨーロッパ野菜研究会の野菜を中心に組み立てたコース料理を提供。本場で学んだフレンチのトレンドを取り入れつつ、バターなどは最小限に抑えて調理。どれも素材の味が活きた見事な完成度。シェフドパティシエも経験したシェフの手によるデザートも評判だ。

▲重厚な雰囲気が漂う半個室。記念日や接待などに活用したい

TEL	☎048-753-9272
住所	埼玉県さいたま市浦和区仲町1-11-12 さくらビル浦和1-2F
予約	ランチ可　ディナー可
営業時間	ランチ 11:30～15:30(L.O.14:30) ディナー 17:30～22:00(L.O.21:00)
定休日	火曜、第4水曜（不定期）
席数	38席（うちカウンター席6席）
禁煙席	半個室1室（収容人数4～8人／チャージ料（1人）・ランチ300円、ディナー500円／個室全席禁煙）
個室	なし
予算	ランチ 3000円～　ディナー 7000円～
駐車場	なし

※ディナーはサービス料10％が必要

うちの自慢

▲お料理に合うフランスワインも充実。お手頃価格のモノから超プレミアムなモノまで揃う

浦和／浦和駅

浦和駅　　中国料理

中国料理
彩湖

ちゅうごくりょうり　さいこ

JR線浦和駅西口から
徒歩で約7分

Lunch

飲茶ランチ 味彩

▲本日の前菜盛り合わせ、きのこのクリームスープ、埼玉県産野菜のさっぱり塩炒め、点心8種、チャーハン・焼きそば・お粥から1品、デザート付き。2700円で少しずついろいろな味が楽しめる人気コース

Lunch & Dinner

四川風土鍋麻婆豆腐
（アラカルトで提供）

▲目の前で、熱々の土鍋で仕上げる人気の一品。ジューという音と香りを楽しんで。1620円

Lunch & Dinner

ふかひれ姿煮
（アラカルトで提供）

▲スープはオイスターソース、上海蟹、白湯、極上澄ましの4種類から選べる。6480円（参考価格）

その他メニュー

- 五目入り焼きそば…1512円
- 季節のアラカルトメニュー…1728円
- 牛肉の細切りあんかけ焼きそば…1836円
- 季節のランチコース…2916円
- 身体に優しい医食同源コース…4860円
- ライチシャーベット…600円

▲上海をイメージしたというモダンなインテリア

いつもとは違うひとときを味わうなら

18階という絶好のロケーションで、天井まである窓から昼は秩父連山や富士山を、夜は夜景を眺めることができる。街の喧噪を忘れ、いつもとは違う贅沢な空間で、ゆったり食事ができる。個室もあるので、友達との集まりや、家族のお祝いなどにも利用しやすいお店だ。

"医食同源"で体に優しい料理を食す

広東料理の神髄である"医食同源"をコンセプトに、季節の食材を生かした料理を提供している。ボリューム満点で好みの一皿が選べる平日限定ランチや、少しずついろいろ食べられる飲茶ランチが特に人気。リーズナブルなメニューも多数あるので、気軽に上質中華を楽しめる。

▲お祝い事や家族での会食など、幅広く活用できる

TEL	☎048-827-1164
住所	埼玉県さいたま市浦和区仲町2-5-1 浦和ロイヤルパインズホテル18F
予約	ランチ可 ディナー可
営業時間	ランチ 平日 11:30～14:30(LO 14:30) 土日 11:00～15:00(LO 15:00) ディナー 平日 17:30～21:00(LO 20:30) 土日 17:00～21:00(LO 20:30)
定休日	なし
席数	154席
禁煙席	全席禁煙
個室	5室(収容人数6～40人／チャージ料無料／個室全席禁煙)
予算	ランチ 2000円　ディナー 8000円
駐車場	286台(400円／1時間、3000円以上の飲食で60分無料、5000円以上の飲食で120分無料)

※サービス料10%が必要

うちの自慢

▲2014年4月に就任した費成裕料理長は、料理人の家系に育ち、各地各店で修行を積んだ実力派

浦和／浦和駅

浦和駅　　フランス料理／イタリア料理

ビストロ・ド・タニ
BISTRO DE TANI

JR 浦和駅西口から
徒歩で約 8 分

コース料理のオードブル

▲オードブルの一例。写真左は「本日の自家畑からの一皿」で、右は「オマール海老と旬野菜の冷製アメリケーヌソース」。ランチコースはオードブル、スープ、メイン、デザート、ドリンクが付く 2500 円のコースから

テリーヌショコラとレモングラスのジュレ
（コースの料理）

▲コースのデザートの一例。濃厚なショコラにさわやかなジュレやフルーツ、ソルベがマッチ

フォアグラのソテー
（コースの料理）

▲濃厚なフォアグラのソテーにラ・フランスのキャラメリゼとトリュフソースを合わせていただく

76

その他メニュー

- Aコース…2500円
- Bコース…3000円
- スペシャルランチコース…4300円
- イタリアンコース(ディナー)…5000円
- フレンチコース(ディナー)…6300円
- シェフおまかせコース(ディナー)…8400円

▲上品な雰囲気が漂う店内。中央の観葉植物が温かみをプラス

地元客で賑わうお洒落な一軒

閑静な住宅街に店を構える地元で人気のビストロ。店内はカジュアルヨーロピアンテイストで、白壁と床に敷かれた古木の温かい質感のコントラストが印象深い。ジャズが静かに流れる居心地の良い空間なので、思わず時間を忘れてゆったりと過ごしてしまいそう。

大地の恵みを詰め込んだ料理

頂けるのは基本をしっかり押さえたフレンチ＆イタリアン。自慢は自家菜園の有機無農薬野菜をふんだんに盛り込んだ数々のメニューで、どれも噛むほどに野菜本来の旨味が伝わる。幅広い客層に合わせ、ソースはライトなものから、重めのテイストまで揃えているのも嬉しい。

TEL	☎048-824-0993
住所	埼玉県さいたま市浦和区岸町7-6-13
予約	ランチ 可　ディナー 可
営業時間	ランチ11:30〜15:00(L.O.14:00) ディナー17:30〜22:30(L.O.20:30) ランチメニューは11:30〜15:00(L.O.14:00)
定休日	月曜、第2火曜
席数	35席(テーブル席)
禁煙席	全席禁煙
個室	個室1室(収容人数8人／チャージ料無料／個室全席禁煙)
予算	ランチ 3000円　ディナー 7000円
駐車場	3台(無料)

▲デザート係のスタッフ矢部さんが甘い幸せをお届け

うちの自慢

▲自家菜園の美味しい野菜。枯れ葉やお店で出た使用後のコーヒーなどを入れ、堆肥から作る

浦和／浦和駅

浦和駅　和食

鮨 ふく

すし ふく

JR浦和駅西口から
徒歩で約3分

Lunch & Dinner　お刺身盛一人前
（アラカルトで提供）

▲好みに合わせて作ってくれるので注文時、要望を伝えて。ランチ、ディナーに対応 2160円

Lunch & Dinner　車海老のにぎり
（アラカルトで提供）

▲質のよい車海老を使用した贅沢な一皿。食べると弾力があり、旨味たっぷり 540円

Lunch　おまかせ鮨

▲旬の魚貝を中心に盛り合わせたお店で人気のランチメニュー。小鉢とお椀付きで 3300円。築地市場で仕入れたネタによって内容が変わるので、何が出てくるのかはお楽しみに！

その他メニュー

- 特上にぎり（ランチ）…2100円
- 煮穴子…1080円
- ぎんだら西京焼…860円
- のどぐろ塩焼…2500円
- カキ酢…750円

▲しっとり落ち着いた雰囲気。カウンター席の貸し切りも可

職人技が光る檜造りのカウンター

「修行は腕を磨くのではなく、心を磨くこと」。という親方の教えを守り、修行を続けながらも一人お店を切り盛りする店主。店内でひと際目立つのは木曽檜一枚板のカウンター。塗装をしていないため、檜の優しい香りが漂う。目の前で繰り広げられる職人技も存分に楽しみたい。

量より質を重視した極上鮨を

シャリには埼玉のブランド米を使用し、赤酢など数種類の酢を独自配合。天然本マグロなど築地から仕入れる抜群のネタを扱いながら、リーズナブルな値段設定を実現。シャリとネタのバランスも絶妙でほっぺたが落ちそうなほど美味。昼は、1日15食限定なので予約がベター。

◀シャリには旧北川辺町のコシヒカリを使用

うちの自慢

▲仕入れは築地市場へ足を運んでいる。信頼できる業者からしか買わないというこだわりぶり

TEL	☎048-822-3000
住所	埼玉県さいたま市浦和区高砂2-6-17 田口屋ビル1F
予約	ランチ可　ディナー可
営業時間	ランチ 12:00〜14:00（L.O.13:30）※15食で終了 ディナー 17:30〜22:300（L.O.22:00）
定休日	月曜（祝日の場合は営業、不定休あり）
席数	16席（うちカウンター席6席、テーブル席10席）
禁煙席	全席禁煙
個室	なし
予算	ランチ 2500円　ディナー 8000円
駐車場	なし

浦和／浦和駅

浦和駅　　フランス料理

カジュアルフレンチ
Les Amis

カジュアル フレンチ アミー

JR浦和駅東口から
徒歩で約5分

マノスクコース

▲旬の野菜をたっぷりと摂ることができるコース 2700円。本日のアミューズ、前菜、メインは日替わりでお魚またはお肉からチョイス、シェフ特製のデザート、ドリンク、プティフールが楽しめる

ミモザコースのサラダ

▲10種類以上の野菜を贅沢に使った体にやさしい一品。大地の恵みを存分に味わえる

ミモザコースのタジン鍋

▲コースのメイン料理。季節の野菜とお魚またはお肉を一緒に蒸し焼きにし、旨味を凝縮

その他メニュー

- ミモザコース…1998円
- カステラーヌコース…3942円
- トゥジュールコース（ディナー）…4158円
- パルファムコース（ディナー）…5292円
- ラ・コートコース（ディナー）…7344円

▲ディナータイムの店内。しっとりしたムードでデートにも最適

モダンなカジュアルフレンチ店

浦和駅から徒歩5分という好立地に「Les Amis」は店を構える。モダンなインテリアでまとめられたおしゃれな店内は、どの席からも開放感溢れるオープンキッチンが見え、いい香りがふわりと漂ってくる。スタッフの親しみある接客も好評で、女性客のリピーターが多いとか。

多くの野菜を使った彩り豊かな料理

岩槻の契約農家から仕入れるさいたまヨーロッパ野菜と築地市場の新鮮な食材を使ったフレンチを提供。野菜たっぷりの料理は、盛り付けも美しく目でも舌でも楽しめる。食後は「自家手焙煎 珈琲豆屋」の深めに焙煎したおいしいコーヒーを特製デザートと共にどうぞ。

TEL	☎048-678-3700
住所	埼玉県さいたま市浦和区東高砂町20-20 T-BRICKビル2F
予約	ランチ可　ディナー可
営業時間	ランチ 11:30～14:30(L.O) ディナー 17:30～21:30(L.O)
定休日	月曜
席数	22席（うちカウンター席4席、テーブル席18席）
禁煙席	全席禁煙
個室	なし
予算	ランチ 2700円　ディナー 6000円
駐車場	なし

▲飾り棚には色とりどり花が飾られており、店内を華やかに演出

うちの自慢

▲毎朝築地市場から仕入れる新鮮な魚介類。素材の旨味を引き出しつつ、丁寧に調理する

浦和／浦和駅

浦和駅　和食

彩懐石 うらわ高砂

さいかいせき　うらわたかさご

JR浦和駅西口から
徒歩で約3分

Lunch & Dinner　深谷牛ステーキ
（ランチは埼玉黒毛深谷牛と彩懐石のコース、
ディナーは全コースで対応。アラカルトでも提供）

▲埼玉県深谷牛 A5 ランクのサーロインを使用。
ディナーでは全コースで楽しめる極上品

Lunch　季節の彩懐石

▲日本料理定番のコース料理 10 品。厳選した四
季の食材を彩りよく上品に仕上げる。5400 円

Lunch　四季三宝 彩の国

▲刺身、煮物、天ぷら…さまざまな種類の日本料理を少量ずつ三段重に丁寧に盛り付けたコース。いろんな味
を一度に楽しめると創業以来、女性に人気が高く、リピーターも多い。3780 円（平日限定）

82

その他メニュー

- 房州鴨川造りと彩懐石（ランチ）…5400円
- 埼玉黒毛深谷牛と彩懐石（ランチ）…5400円
- 凛（ランチ・ディナー）…8100円
- 匠（ランチ・ディナー）…10800円
- 極（ランチ・ディナー）…16200円

▲家族の集まりなどに使用したい「うらわの大広間」

匠の技がキラリと光る贅沢な空間

浦和駅から徒歩3分、暖簾をくぐり中へ入ると伝統とモダンが融合した和の空間が広がる。『さいたま市景観賞』や『埼玉県景観賞』などの賞を受賞した設計事務所が手掛けたという。カウンター席、テーブル席、お座敷席と揃うのでシーンに合わせて選びたい。

地産地消、埼玉県産の食材を懐石で

頂けるのは、黒毛深谷牛や川越のさつまいも、浦和の木の芽…その土地でとれる素材を、化学調味料を一切使用せず、優しい味わいに仕上げた懐石料理。特にだし汁になみなみならぬこだわりを持ち、最高級の昆布を使い、丁寧に調理。盛り付けの美しさも訪れる人を魅了している。

◀未来の巨匠、狩野翔さんと中村拓海さんも腕を振るう

TEL	☎048-823-8001
住所	埼玉県さいたま市浦和区高砂1-14-2
予約	ランチ可 ディナー可
営業時間	ランチ 11:30～15:00（L.O.14:00） ディナー 17:00～22:00（L.O.21:00）
定休日	なし
席数	150席（うちカウンター席6席、テーブル席144席）
禁煙席	全席喫煙可
個室	個室10室（収容人数2～50人／チャージ料：飲食代の10%／個室喫煙可）
予算	ランチ 3780円 ディナー 8100円
駐車場	なし

うちの自慢

▲埼玉ならではのグルメを提供している「埼玉S級グルメ提供店 認定店」でもある

浦和／浦和駅

浦和駅　イタリア料理

Arancia Del Sole

アランチャ デル ソーレ

JR浦和駅西口から
徒歩で約2分

Lunch

CORSO DEL GIORNO （コルソ デル ジョルノ）

▲昼下がりの優雅なひとときにぴったりな、ちょっと贅沢なランチコース。厳選された旬の食材を使用し、パン、前菜盛り合わせ、パスタ、セコンド、最後にドルチェと飲み物が付いて 3500 円

Lunch & Dinner

ウニのタリオリーニ
（コースの料理・アラカルトでも提供）

▲新鮮なウニを使い、濃厚ながらも良質なオイルでさっぱり食べられる生パスタ。単品では1800 円

Lunch & Dinner

猪のパッパルデッレ
（アラカルトで提供）

▲赤ワインでじっくり煮込んだソースが、幅広のパスタによく絡む。1800 円

その他メニュー

- ペンネアラビアータ…1100円
- スパゲティーランチ…1400円
- 手打ちパスタランチ…2200円
- ピスタチオのクレームブリュレ …800円
- 自家製チョコラティーニ(3個) …600円

▲家庭的で暖かみのある店内。アンティーク調の装飾がポイント

"太陽のオレンジ"の名を持つお店

"Arancia Del Sole"の意味は"太陽のオレンジ"。明るく暖かで、オレンジのような清々しいお店づくりがテーマだ。店頭では、お店のイメージである夏みかんの木が出迎えてくれ、店内は家庭的でゆったりとくつろげる雰囲気。スタッフによる丁寧な料理の説明も嬉しいポイント。

イタリアの家庭料理を気軽に楽しむ

太陽をたっぷり浴びた野菜や、風味豊かなきのこをイタリアから取り寄せており、まさに本場の味が楽しめる。モチモチの手打ちパスタはその食感にやみつきになること間違いなし。女性客が満足できるように、デザートにも力を入れているとか。来店した際にはぜひ食べてみて。

TEL	☎048-822-9850
住所	埼玉県さいたま市浦和区高砂1-8-5
予約	ランチ可　ディナー可
営業時間	ランチ 11:30～14:30(LO 14:00) ディナー 17:30～23:00(LO 21:30)
定休日	火曜
席数	18席
禁煙席	一部喫煙可
個室	半個室あり
予算	ランチ 2200円　ディナー 6000円
駐車場	なし

▲イタリアの郷土菓子。贈り物にも家庭でのティータイムにもぴったり

うちの自慢

▲毎日作る手打ちパスタ。常時6～8種類取り揃え、ソースとの組み合わせの相談にも乗ってくれる

浦和／浦和駅

浦和駅　和食

日本料理
四季彩

にほんりょうり しきさい

JR線浦和駅西口から
徒歩で約7分

Lunch　季節の御膳

▲毎月内容・料金が変わるコース。四季彩一番人気の料理でリピーターが多い。3456円

Lunch & Dinner　天ぷら「荒川」

▲旬彩旬魚を匠の技で仕上げる。揚げたてを頂くランチは3240円〜、ディナー6264円〜

Lunch & Dinner　懐石料理

▲先付、吸物、お造り、小鉢、焼き物、食事などが付いて 9504円〜。月替わりで旬の食材を楽しめる。いろいろな料理を少量ずつ食べられるので、特に女性に人気が高い。ディナーでも頂ける

その他メニュー

- 特選牛陶板焼きステーキ …3240円
- 四季彩御膳…4104円
- 本日のお造り三種盛り…1800円
- お祝い膳…10500円〜
- クリームあんみつ…864円

▲窓に見えるさわやかな竹が、心地良い開放的な空間を作り出す

清潔感があり和める空間

　お祝いや接待、法要など幅広い用途で使える日本料理店。店内は白木のインテリアで統一され、清潔感あふれる和の空間で食事を楽しむことができる。四季彩内にある「天ぷら 荒川」では、カウンター席で、揚げたての海・山の旬の食材を味わえる。連日満席なので予約はお早めに。

味とともに、料理を目でも楽しむ

　「四季彩」との名のとおり、四季折々の食材を用いた本格的な日本料理を提供。素材の持ち味生かしたメニューはどれも彩り鮮やかで、繊細な盛り付けが目を引く。手軽に楽しめる御膳料理、本格的な懐石料理ともに月ごとにメニューが替わるので、その月々の旬の味覚を味わえる。

TEL	☎048-827-1162
住所	埼玉県さいたま市浦和区仲町2-5-1 浦和ロイヤルパインズホテル5F
予約	ランチ可　ディナー可
営業時間	ランチ 平日 11:30〜14:30(LO 14:30)　土日 11:00〜15:00(LO 15:00) ディナー 平日 17:30〜21:00(LO 20:30)　土日 17:00〜21:00(LO 20:30)
定休日	なし
席数	118席
禁煙席	全席禁煙
個室	6室（収容人数4〜20人／チャージ料無料／個室全席禁煙） ※ランチ 3200円以上 ディナー 8000円以上での利用
予算	ランチ 4000円　ディナー 8000円
駐車場	286台（400円／1時間、3000円以上の飲食で60分無料、5000円以上の飲食で120分無料）

※サービス料10%が必要

▲天ぷら「荒川」。揚げたてを楽しめるのはカウンター席ならでは

うちの自慢

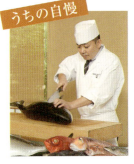

◀岡部政史料理長。有名ホテルの和食や割烹店を経て身に付けた確かな技術に、多くのファンが集う

浦和／浦和駅

浦和駅　フランス料理

Brasserie De chef

ブラッスリー ドゥ シェフ

JR浦和駅西口から
徒歩で約5分

Lunch

ブレス産鶏モモ肉のフォアグラ詰めロースト
白インゲン豆の煮込み添え
（アラカルトで提供）

▲世界で最も美味しいと言われる、フランスのブレスより空輸した地鶏に、鴨のフォアグラと黒米を詰めてローストにした人気メニュー。香り高いフォアグラと黒米の食感を堪能できる。1600円

Lunch

骨付き平目のローストと
オリーブのソース
（アラカルトで提供）

▲肉厚の平目を、香り豊かなオリーブソースと季節野菜とともに頂く一皿。1400円

Dinner

マグレ鴨胸肉の
ローストレンズ豆の煮込み
（アラカルトで提供）

▲やわらかくジューシーな鴨肉に、レンズ豆たっぷりのソースをからめて食す逸品。1800円

その他メニュー

- 田舎風パテ・カンパーニュ…594円
- 甲イカ網焼マリネ…594円
- ドゥシェフのブイヤベース 南仏風…1620円
- カナダ産オマールエビの 殻焼きグラタン…1998円
- 各種ピザ（アンチョビトマトなど） …1242円
- デュック・ド・パリ（発砲ワイン）…702円

▲スタイリッシュな照明や黒板、絵画など、異国の雰囲気が漂う

気軽に入れるブラッスリーフレンチ

焼きたての自家製パンが自慢のフレンチレストラン。店内には外国の絵画が飾られ、落ち着いた色合いのインテリアで統一されている。フランスのビストロにいるかのような雰囲気の中で、気軽に食事を楽しめる。バルカウンターもあるので、親しい人とゆったり飲むのも◎。

本格食材で作る、香り高い料理に舌鼓

「ブラッスリーとしてのグローバルフレンチ」をコンセプトに、香りと素材にこだわった料理を提供。イタリアから取り寄せたプロシュートや、フランス産の鴨肉など食材も本場のものを使用。秋冬の季節では、ペルドロールージュ（フランスの山ウズラ）などのジビエ料理も人気だ。

TEL	☎048-833-6229
住所	埼玉県さいたま市浦和区仲町1-11-3 小林ビルB1
予約	ランチ可　ディナー可
営業時間	ランチ 11:30～16:00(L.O.15:30) ディナー 17:30～24:00(L.O.23:00)
定休日	月曜(祝日、最終月曜は営業)
席数	39席
禁煙席	全席禁煙(吹き抜けのバルカウンター4席は喫煙可)
個室	なし
予算	ランチ 1200円～　ディナー 3500円程度
駐車場	なし

▲お店自慢の自家製パンは、料理のソースに絡めて頂きたい

うちの自慢

▲吹き抜け窓があるバルカウンターで食事をすれば、会話も盛り上がること間違いなし！

浦和駅　エスニック料理

インドネシア料理
スラバヤ

SuraBaya

JR浦和駅東口から
徒歩で約1分

Lunch & Dinner

気軽に楽しめるリーズナブルなコース

▲スープ、サラダ、サテ、卵料理、野菜たっぷりのタブタブソースがかかった唐揚げ、エビのココナッツ煮、アイスクリーム、ライス、バリコーヒーが付いて 2580 円。2名より注文可能。ディナーにも対応

Lunch

日替わり
スペシャルランチ

▲揚げ春巻き、サテ…といったインドネシアの定番料理が満喫できるセット 1630 円

Lunch & Dinner

空芯菜炒め
ジャワスタイル
（アラカルトで提供）

▲空芯菜独特の歯ごたえとスパイスの効いた味わいがクセになる一品。小エビ入り 990 円

その他メニュー

- スラバヤ・コース…3580円
- ナシ・ゴレンセット…1420円
- 若鶏のサテ(2本)…390円
- チキン・ジャワカレー…920円
- インドネシア焼きビーフン…920円
- 揚げバナナのココナッツ風味 …520円

▲広々とした店内。BGMのガムランがリゾートムードを演出

南国ムード漂うダイニング

インドネシアの5つ星ホテルで修行した総料理長監督のもと、現地人のシェフが腕を振る「スラバヤ」。東屋や観葉植物などのインテリアが配された店内は、まるでバリのリゾート地のよう。そんな異国情緒溢れる空間で本場の香りが感じられる料理を存分に楽しもう。

調味料にこだわり本場の味を実現

料理に使用するのは、自社農園と契約農家から届く野菜や伊豆・伊東の港から直送された天然魚介などの厳選素材。インドネシア直輸入のスパイスで丁寧に味付けし、スパイシーで芳醇な味わいに仕上げる。万能調味料、サンバルソースが使い放題なのもうれしいポイントだ。

TEL	☎048-611-8322
住所	埼玉県さいたま市浦和区東高砂町11-1浦和パルコ5F
予約	ランチ可　ディナー可
営業時間	11:00〜23:00(L.O.22:00) ランチメニューは11:00〜15:00(L.O.)※ランチメニューは平日のみ実施
定休日	浦和パルコの営業日に準ずる
席数	56席
禁煙席	喫煙席あり※平日15時以降、土曜・日曜・祝日は全席禁煙
個室	なし
予算	ランチ 1200円　ディナー 2000円
駐車場	1000台(800円／2時間)

▲インドネシアの置き物が出迎えてくれる

うちの自慢

▲インドネシア人のスタッフがおり、現地の雰囲気がたっぷり。プチトリップ気分を味わえる

91

北浦和駅　　ハンガリー料理

カフェ カロチャ

Cafe Kalocsa

JR京浜東北線北浦和駅東口から徒歩で約5分

Lunch

ゴンバ クレーム

▲スペシャルランチコースのメイン「鶏のソテー きのこのクリームソースを添えて」。コース内容は数あるレパートリーの中から週替りの2品、サラダ、バゲット、デザート盛り合わせ、飲み物付きで2100円

Lunch

グヤーシュ
（コース内の料理）

▲野菜と牛肉を使った、ハンガリーの代表的なスープ。体が温まる優しい味わいで、寒い季節限定

Lunch

デザート盛り合わせ
（コース内の料理）

▲手作りスイーツ盛り合わせ。セットの飲み物はコーヒー・紅茶・ハーブティーから選べる

その他メニュー

- 今週のランチセット…980円
- 今週のランチコース…1500円
- ケーキセット…800円
- デザート盛り合わせセット…1000円
- ハーフボトルワインとおつまみのセット…1800円

▲白を基調とした、清潔感のあるアットホームな店内

緑に囲まれた癒しのカフェ

ハンガリーの家庭料理を日本に伝える北浦和の一軒家カフェ。手入れが行き届いた美しい庭を眺めながらのんびり食事ができ、居心地のよさに時間を忘れてしまうほど。オーナーは毎年ブタペスト在住の娘夫婦の元へ通い、現地で伝統料理を習ってくるため、本場の味が楽しめる。

野菜を豊富に使ったハンガリー料理

野菜好きのオーナーによる、季節野菜をたっぷり使った栄養満点の料理が頂ける。ハンガリーでよく使われるラードは極力少なくし、日本人の口に合うようにアレンジ。手作りスイーツと、ハンガリー産のハーブを使ってブレンドしたハーブティーのセットもおすすめ！

TEL	☎048-831-3761
住所	埼玉県さいたま市浦和区北浦和1-12-11
予約	ランチ可
営業時間	ランチ 11:00～16:00(L.O.15:00)
定休日	日・月・火曜・夏期(8月)・年末年始※ランチのみ営業
席数	23席
禁煙席	全席禁煙
個室	なし
予算	1500円
駐車場	2台(無料)

※今週のメニューはお店HPで確認 http://www.5b.biglobe.ne.jp/~kalocsa/

▲「メッジレベシュ」シナモン、クローブで風味を付け、サワークリームを加えたチェリーの冷たいスープ(6～7月限定)。650円

うちの自慢

▲食事とともにいただきたい、ハンガリー産のハーフボトルワイン。単品で注文する場合は1600円

川口駅　和食

鰻 十和田

うなぎ とわだ

JR京浜東北線川口駅東口から徒歩で約5分

Lunch & Dinner　うな玉重
（アラカルトで提供）

▲ふわふわ玉子の上に短冊切りの蒲焼をちりばめた、彩り鮮やかな新メニュー。2592円

Lunch & Dinner　うざく
（アラカルトで提供）

▲蒲焼を使った鰻屋ならではの酢の物。上品な酸味と蒲焼きの甘味との相性バツグン。2484円

Lunch　昼のミニ会席 牡丹

▲少量ながらも、その日に仕入れた新鮮な食材を使用し、鰻を堪能できる昼限定のミニ会席。特に女性に人気が高く、単品の鰻重と同じものが頂ける。前菜、煮物、強肴、鰻重、甘味が付いて5184円

その他メニュー

- 鰻重「桜」…3672円
- 蒲焼(白焼)…2592円
- うまき…2268円
- 肝焼…723円
- 天ぷら…1447円
- 焼き鳥…1036円

▲日本古来の伝統美を尊重し、格式高い作りの店内

まるで高級旅館のような雰囲気

創業70年になる老舗の鰻屋。穏やかなクラシックが流れ、高級感漂う和の空間は、駅近でありながら街の喧噪を忘れさせてくれる。格式高いしつらい、料理、サービス、どれをとって満足できるはず。庭の木々を眺めながら、大切な人とゆったりくつろぎながら鰻を堪能したい。

新鮮な国産鰻と秘伝のタレを味わう

お店で扱う鰻は全て希少価値の高い国産のもの。仕入れたその日に調理し、割きたて、焼きたてを、紀州備長炭と素材本来の味を生かす秘伝のタレで味わうことができる。鰻は問屋を通さず、これまで培ってきた知識や情報をもとに、最も信頼できる生産者から直接買い付けている。

TEL	☎048-251-6724
住所	埼玉県川口市栄町3-3-10
予約	ランチ可　ディナー可
営業時間	ランチ 11:30〜15:00(L.O.14:00) ディナー 16:30〜21:30(L.O.20:30)
定休日	月曜(祝日の場合は翌日)
席数	40席
禁煙席	全席禁煙
個室	4室(収容人数2〜40人／チャージ料・飲食代の10％／個室喫煙可)
予算	ランチ 3500円　ディナー 5000円
駐車場	なし(隣にコインパーキングあり)

◀女将をはじめ、スタッフの行き届いたおもてなしとともに、食事を楽しむことができる

うちの自慢

▲落ち着いた風情のある和空間。お料理を待っている時間も贅沢なひとときを過ごせる

川口駅　ロシア料理

ロシア料理
スタルカ

Starka

JR京浜東北線川口駅東口から
徒歩で約6分

A ランチ

▲お店イチオシの「キャベツロール」がいただけるランチコース 2000 円。オードブルやサラダ、パンもしくはライス、デザート、コーヒーもしくはロシアンティーがセットになった大満足メニュー

自家製 スモークサーモン
（コースの料理・ディナーはアラカルトでも提供）

▲ランチコースのオードブル。お店でスモークするサーモンは芳醇な味わい。単品では 1400 円

かぼちゃのプリン
（コースの料理）

▲ランチコースのデザート。かぼちゃの風味豊かなプリンは、なめらかな舌触りで濃厚

その他メニュー

- Bランチ…3200円
- Cランチ…1800円
- キャベツロールのコース（ディナー）…3700円
- スタルカAコース（ディナー）…4200円
- ボルシチ…900円
- ビーフストロガノフ…2500円

▲ワンフロアの店内は高級感がありながらもどこかアットホーム

くつろぎの空間で絶品ロシア料理を

地元で長年愛されるロシア料理の店。植物や馬の絵が飾られた店内は上品な佇まいながらも温かみがありホッとできる空間。もてなすマダムは気さくな人柄で、マダム目当てに訪れるファンも多い。ランチタイムは特に人気で連日満席なので、事前に予約するのがおすすめだ。

手間暇かけて作る「キャベツロール」

「何日もかけて作ったものをたった数十分で食べる。その贅沢を味わってほしい」と店主。そんな思いで供される料理は、付け合わせに至るまで丁寧に作られていると評判。その最たるものが自慢の「キャベツロール」で、食べるまで3日かかるのだとか。一度は食してみたい逸品だ。

TEL	☎048-258-5521
住所	埼玉県川口市幸町2-1-11
予約	ランチ可　ディナー可
営業時間	ランチ 11:30～14:00(L.O.13:00) ディナー 17:30～22:00(L.O.20:00)
定休日	月曜、金曜のランチタイム
席数	18席(テーブル席)
禁煙席	全席禁煙
個室	なし
予算	ランチ 3000円　ディナー 5000円
駐車場	なし(隣にコインパーキングあり)

◀店内に飾られた馬の絵も必見。何でもマダムのお父さん作なんだとか

うちの自慢

▲マダム厳選のローズジャム、化粧水を販売。ジャムはコースのロシアンティーで頂ける

川口／東川口駅

東川口駅　和食

おきがる会席 けん汰

おきがるかいせき けんた

JR武蔵野線・埼玉高速鉄道
東川口駅から徒歩で約7分

Lunch & Dinner　刺身の盛り合わせ
（アラカルトで提供）

▲素材は鮮度抜群のものばかり。ランチ、ディナー共に追加オーダーする人が多い。1620円

Lunch & Dinner　かんぱちカマ塩焼き
（アラカルトで提供）

▲鮮度の良いかんぱちをシンプルに焼き上げた一品。素材の旨味を存分に味わえる。860円

Lunch　お昼のミニ会席 雅会席

▲先附、5種類の刺身盛り合わせ、焼物、天ぷら盛り合わせ、茶わん蒸し、ご飯、味噌汁、香の物、季節のアイスクリームが付くセット2160円。7割のお客さんがオーダーする人気ナンバー1ランチ

その他メニュー

- 夢会席…5400円
- 星会席…4320円
- 月会席…3240円
- 海鮮丼ランチセット…1030円
- 天丼ランチセット…1030円
- 週替わりランチ…1030円

※海鮮丼ランチ、天丼ランチ、週替わりランチは平日限定

▲暖簾で仕切られたテーブル席。アットホームな雰囲気が漂う

切り絵の飾られた寛げる空間

「敷居の高い会席料理をもっと気軽に召し上がってほしい」と店主。テーブル席は暖簾で仕切り個室感覚に、長くゆったり座れるようにお座敷席には高座椅子を配するなど、肩肘張らず過ごせる居心地の良い空間を提供。壁に飾られた繊細な切り絵を眺めながら食事を楽しみたい。

旬の魚を盛り込んだ極上会席コース

焼津港直送の鮪、青森県産の平目、北海道産の帆立…鮮度にこだわった素材を使った本格会席を用意。中でも人気は、刺身や焼き物などいろんな味を少しずつ楽しめる「雅会席」。鮮度抜群のお魚の美味さが詰まったコースに仕上がっている。大切な人ととっておきの日に訪れたい。

TEL	☎048-298-1262
住所	埼玉県川口市戸塚東1-9-15笹谷ビル1F
予約	ランチ可　ディナー可
営業時間	ランチ11:30〜14:30(L.O.14:00)※ミニ会席のL.O.13:30 ディナー17:30〜22:00(L.O.21:30)※会席料理のL.O.21:00
定休日	月曜
席数	32席（うち座敷席20席、テーブル席12席）
禁煙席	全席喫煙可
個室	個室2室（収容人数5〜20人／チャージ料無料／個室喫煙可）
予算	ランチ 1620円　ディナー 4320円
駐車場	5台（無料）

◀高座椅子のお座敷席。お宮参りなどのお祝いにも最適な空間だ

うちの自慢

▲店内に飾られた美しい切り絵はなんと店主の手作り。インテリアのアクセントになっている

川口／川口駅

川口駅　フランス料理

フランス料理
BISTRO S'ASSOUVIR
ビストロ サスヴィール

JR京浜東北線川口駅東口から
徒歩で約6分

Lunch

A ランチコース

▲気軽にフレンチを楽しめるAランチコースは1880円。オードブル三種盛合わせ、魚・肉のどちらかが選べるメイン、パン、デザート、コーヒーまたは紅茶付き。ランチはちょっと贅沢な3650円のコースもある

Dinner　手長エビキャビア飾り
（コースの料理）

▲手長エビとキャビアの豪華な組み合わせが楽しめる、クリスマスコース（10000円）の一皿

Dinner　黒毛和牛ヒレステーキ
トリュフソース
（コースの料理）

▲ジューシーで柔らかい和牛に芳醇なトリュフソースが香る。クリスマスコース（10000円）の料理

その他メニュー

- ディナーコース…3650円
- 和牛コース…5150円
- デラックスコース…4950円
- スペシャルコース…6200円
- クリスマスコース…10000円
- ボトルワイン…2900円〜

▲気取らずに食べられる、アットホームで落ち着くお店

居心地の良いフランス料理店

　気軽にフレンチを楽しんでほしいとの思いから、"居心地の良い"お店作りをテーマとしている。店内は暖色系の明かりで照らされ、温かみがあり、落ち着いた雰囲気の中でゆったりと食事を楽しむことができる。1人でも2人でも、いつ誰と行ってもホッとできるお店だ。

本場の素材を用いた本格フレンチ

　本場の食材を使った本格フレンチが、1880円というリーズナブルな価格で頂けるのが嬉しい。特に、旬の食材とそれに合わせて作るというソースとのハーモニーを楽しみたい。事前予約をすれば、お祝い用の手作りケーキは予算に応じて注文することができる。

TEL	☎048-226-1013
住所	埼玉県川口市本町3-4-3 ソフィア川口ブラン102
予約	ランチ可　ディナー可
営業時間	ランチ 11:30〜14:30(L.O.13:30) ディナー 17:30〜22:00(L.O.21:00)
定休日	月曜(祝日の場合は翌日)
席数	14席
禁煙席	全席禁煙
個室	なし
予算	ランチ 1880円　ディナー 3650円
駐車場	なし

◀「パーティー用に貸切ることも可能なので、お祝い事などの際にもぜひ」とオーナーシェフ

うちの自慢

▲温かみのある落ち着いた雰囲気の店内は、気軽にフレンチを楽しむのにピッタリ

川口駅　和食

天旬楽 うのじ

てんしゅんらく うのじ

JR京浜東北線川口駅東口から徒歩で約6分

Lunch & Dinner　ウニ大葉巻き天
（ランチ、ディナーともコース、アラカルトで提供）

▲まわりはさくっと中はとろり。濃厚なウニと大葉の爽やかさがやみつきになる一皿。1080円

Lunch & Dinner　甘鯛
（ランチ、ディナーともコース、アラカルトで提供）

▲うろこはパリパリに揚がり、身はふっくらとしている。旨味と甘味がたまらない逸品。1296円

Lunch & Dinner　玻璃（天ぷらはランチ、ディナーともアラカルトでも提供）

▲旬の味覚を天ぷらで楽しむコース。先付、小鉢、エビと本日おすすめの天ぷら数種（ある日はカキ or ハマグリを選択）、食べ方を選べるご飯、その他甘味などが付いて6480円。右の写真は「カキの天ぷら」

その他メニュー

- ◆ レディースランチ…2268円
- ◆ おまかせコース…5400円
- ◆ 珊瑚コース…3780円
- ◆ 瑠璃…8640円
- ◆ ランチA…1944円

※仕入れ状況により価格は変動します

▲JAZZを聞きながら、カジュアルな雰囲気の中で天ぷらを食す

店主の腕が光る天ぷらに舌鼓

「本格天ぷらを肩肘張らずに味わってほしい」との思いから、カフェバーのようなつくりにしているという。京都の老舗料亭で修行した店長が手がける天ぷらはもちろん、それ以外の料理も味わい深い。揚げたてを堪能しながら店主との会話も楽しめるカウンターは特等席！

旬の素材を使った新しい天ぷら

そのままでも十分おいしい旬の食材を、天ぷらで贅沢に頂ける。種類も豊富で、トマトや梅、カニ、チーズなど、他ではあまり見かけない味覚も味わえる。和食を極めた店主による新たな天ぷらを賞味してほしい。ビールや地酒だけでなく、ワインと一緒にいただくのもオツ。

▶カウンター席では、天ぷらを揚げる様子を、目や耳で楽しみながら食事することができる

TEL	☎048-226-0080
住所	埼玉県川口市本町3-2-7 デュアルコート川口ウエストビュー108
予約	ランチ可（日・祝は3000円〜）　ディナー可
営業時間	ランチ 11:30〜14:00 (L.O.13:30) ディナー 18:00〜22:30 (L.O.21:30)
定休日	水曜
席数	19席
禁煙席	全席禁煙
個室	なし
予算	ランチ 2500円　ディナー 6000円
駐車場	なし

うちの自慢

◀天ぷらに合う最高級の油。マルオウ印の純正ごま油とGMKコットンサラダ油をブレンドしたこだわりの品

川口駅　イタリア料理

トラットリア オサムサン

TRATTORIA 0363 OSAMUSAN

JR京浜東北線川口駅東口から徒歩で約5分

Lunch & Dinner

パスタコース

▲スープ、サラダ、自家製パン、選べるパスタ、デザートとコーヒー付きで1700円。写真は人気メニューの「ペスカトーレ」。魚介の風味豊かなトマトソースがパスタによく絡む

Lunch & Dinner

三元豚と季節野菜のソテー
（ランチ、ディナーコースの料理。アラカルトでも提供）

▲シェフコース（4100円）のメイン料理。旬の野菜をふんだんに使い、味付けはあえてシンプルに

Lunch & Dinner

季節のデザート
（ランチ、ディナーコースの料理。アラカルトでも提供）

▲シェフコース（4100円）内のデザート。季節の果物を使った、ボリュームのある一皿

その他メニュー

- シェフコース…4100円
- ピクルスの盛り合わせ…550円
- カプレーゼ…900円
- 野菜と魚介のオイル焼き…900円
- バーニャカウダー…1000円
- 前菜の盛り合わせ…1200円〜

※ディナーは税抜き価格

▲ブラウンと白を基調とした店内は、モダンでおしゃれ

大人の雰囲気漂うイタリアンの店

　店内は白とブラウンで統一され、シックなムードが漂う。昼間は窓の外から明るい日の光が降り注ぎ、開放感がある中で食事を楽しむことができる。カウンター席とテーブル席があるので、1人で気軽に立ち寄っても良いし、仲良しのメンバーを誘って女子会を開くのにもグッド。

素材を生かすシンプルな味付け

　青果店を営む両親を持つシェフの目利きで厳選された野菜はどれも甘みが強く、本来の味に驚かされるはず。その持ち味を最大限に生かす方法で作られた創作イタリアンが楽しめる。安心して食べてもらえるよう、産地や生産者を明確にするなど、食の安全にも配慮している。

TEL	☎048-222-0361
住所	埼玉県川口市本町4-8-21 小野ビル2階
予約	ランチ可　ディナー可
営業時間	ランチ 11:30〜14:30(L.O.14:00) ディナー 平日18:00〜23:00(L.O.22:00) 土日祝日 17:30〜22:30(L.O.21:30)
定休日	火曜、第3月曜
席数	23席(うちカウンター席5席)
禁煙席	全席禁煙
個室	なし
予算	ランチ 1000円　ディナー 4500円
駐車場	なし

◀ワインの種類も豊富で、特にイタリア産のものがおすすめ

うちの自慢

▲ランチタイムのみ食べられる「オリジナルサラダ」は旬の野菜を使った色鮮やかな一品

西川口駅　フランス料理

フランス料理　フランス菓子
プラシャルルー

Plat Chaleureux

JR京浜東北線西川口駅東口から
徒歩で約9分

Lunch　お魚のランチコース

▲新鮮な魚をメインに頂ける、日替わりのランチコース。スープ、前菜、メイン、天然酵母バゲット（バター付き）、デザートと最後にコーヒーまたはオーガニックティ各種を選べる。2700円

Lunch　お肉のランチコース

▲フランス産鴨のコンフィがメイン。スープ、前菜、デザート、コーヒーか紅茶付きで3000円

Lunch & Dinner　和牛のパイ包み
（コースの料理）

▲パイのサクサク感と、和牛のジューシーさが絶妙！　食べごたえのある一皿

その他メニュー

- ディナーコース…4100円〜
- 和栗のモンブラン…450円
- バナナとチョコのタルト…400円
- ピスタチオとフランボワーズのタルト…450円
- オーガニックミントティー…400円
- プラシャルースペシャルブレンドコーヒー…400円

▲赤とブラウンのチェアがおしゃれ。フランスのカフェのような店内

料理もスイーツも大満足のフレンチ

閑静な住宅街に佇む一軒家のフレンチレストラン。店内はシックなインテリアで統一され、大きめの窓の外から明るい光が入り込む。地元出身のシェフは、パティシエの修行も積んだ実力派。料理もさることながら、生菓子や焼き菓子も人気が高いので、ぜひテイクアウトしよう！

ボリュームたっぷりのフレンチコース

旬の食材を引き立てる、シンプルな調理法を用い、彩り鮮やかで見た目も美しい料理を提供する。前菜からメイン、デザートまでボリュームたっぷりで、満足できること間違いなし。ノンアルコールドリンクも充実しているので、お酒が飲めない人や、車で来店した人にもおすすめ。

TEL	☎048-432-5541
住所	埼玉県蕨市塚越5-51-16
予約	ランチ可　ディナー可（ランチ・ディナーともに予約制）
営業時間	ランチ 11:30〜15:00(L.O.14:00) ディナー 18:00〜22:00(L.O.20:00) ※土曜・日曜・祝日のランチは12:00〜15:00(L.O.14:00)
定休日	月曜・火曜
席数	28席（テラス席あり）
禁煙席	全席禁煙
個室	1室（収容人数4〜8人／チャージ料無料／個室禁煙）
予算	ランチ 2700円〜　ディナー 4100円〜
駐車場	6台（無料）

◀前日までに予約すれば、ホールケーキを注文することもできる

うちの自慢

▲お持ち帰り用のケーキは常時20種類以上。来客やおやつ用に買って帰る人が多いのだとか

西川口駅　イタリア料理

カリーリア ラ エルバ

curryia la erba

JR京浜東北線西川口駅西口から
徒歩で約10分

おまかせコース A

Lunch & Dinner

▲メインのつかない、ランチにピッタリのコース3000円の一例。先付け、前菜、パスタ、デザート、エスプレッソが付く。その日の仕入れでメニューが変わる。写真は「スモークサーモンのタルタル 水牛モッツァレラ添え」

ムール貝と旬の白身魚のゼリー寄せ

Lunch & Dinner

▲コースの前菜の一例。モンサンミシェル産のムール貝を使用。イチジクの甘味がアクセント

カルボナーラティラミス風

Lunch & Dinner

▲コースのパスタの一例。卵だけを使ったクラシックなカルボナーラ。コーヒーの風味が◎

その他メニュー

- フォアグラのポワレ…2800円
- 特別コース…7000円
- おまかせコースB…5000円
- ランチセット…1000円
- 本日の鮮魚…1500円〜
- 生ハム盛り合わせ…2000円

▲オープンキッチンを目の前にした洗練されたカウンター席

お洒落なカウンターイタリアン

まるでバールやカフェのようなお洒落な佇まいのイタリアン。店名の「エルバ」とはイタリア語でハーブの意味。味に深みをもたらすので、ハーブを使った料理を数多く用意しているとか。店内はカウンター8席のみで、シェフと気軽に会話しながら、料理やお酒を味わえる。

要望を聞くマイシェフスタイル

素材を生かすイタリア料理の考え方をもとに調理。メニュー内容は、その日仕入れた素材を見て、シェフが組み立てる。ゲストの好みの食材や調理法も聞いてくれるので、自分だけの一皿を作ってもらえる。食材が毎日違うので何度訪れても新しい出会いのある魅力的なお店だ。

TEL	☎048-235-2788
住所	埼玉県川口市西川口6-5-3
予約	ランチ可 ディナー可
営業時間	ランチ 12:00〜15:00(L.O.) ディナー 18:30〜24:30(L.O.)
定休日	木曜(※ランチは木曜、金曜)
席数	8席(カウンター席)
禁煙席	全席喫煙可
個室	なし
予算	ランチ 1000円　ディナー 7000円
駐車場	なし

◀お洒落なデザイナーズチェアのセレクトにセンスが光る

うちの自慢

▲トリュフやラクテール…イタリアやフランスの珍しい食材を使った極上の料理を用意する

西川口駅　イタリア料理

イタリア料理
カポラヴォーロ

Italian Restaurant Capolavolo

JR京浜東北線西川口駅東口から
徒歩で約4分

Lunch ランチパスタコース

▲バーニャカウダ、スープ、サラダ、自家製フォカッチャ、パスタ、デザート、ドリンクが付いて平日1580円、土日1680円。パスタは全6種の中から好みのものをチョイスできる

Dinner 彩り野菜のバーニャカウダ
蟹味噌風味
（アラカルトで提供）

Lunch 鮮魚と旬野菜のグリル
2種のソース
（コースの料理）

▲蟹味噌を合わせた特製のバーニャカウダソースが絶品。ディナーのみの対応 980円

▲シェフおまかせコースのメイン。パリッとした皮とジューシーな身の旨味を一度に堪能

その他メニュー

- ランチコース…1050円
- ランチパスタコース…1580円
- シェフおまかせコース…2980円
- シェフおまかせディナーコース…4200円
- ズワイ蟹と小海老のスパゲティ（ディナー）…1380円
- 牛ほほ肉赤ワイン煮込みのパイ包み焼き（ディナー）…1980円

▲暖色系の照明が温かみを演出。お祝いにも最適な空間だ

カラダに優しいイタリア料理店

店名の「カポラヴォーロ」とは"逸品・自信作"という意味。手頃な価格で本格的なコース料理を楽しめると評判の一軒だ。白を基調とした清潔感のある空間で供されるのは、カラダに優しいイタリア料理。ランチタイムは気軽に入れる気安さがあり、子連れやおひとり様にも◎。

地元野菜を使い、フレンチと融合！

フレンチ歴10年のシェフがフレンチのエッセンスを加えたイタリアンを提供。こだわりの産直野菜を贅沢に使い、彩りだけでなく、野菜本来の食感や甘みを最大限に生かすべく、微妙な味付けに気を配り、調理。どの料理も素材の優しい味を堪能できる仕上がりだ。

TEL	☎048-255-1000
住所	埼玉県川口市並木3-4-23西山ビル1F
予約	ランチ可 ディナー可
営業時間	ランチ 11:30～15:00(L.O.14:00) ディナー 18:00 ～ 22:30(L.O.21:30)
定休日	火曜
席数	16席（うちカウンター席2席、テーブル席14席）
禁煙席	全席禁煙
個室	なし
予算	ランチ 1600円　ディナー 5000円
駐車場	なし

◀都内で20年以上腕を振るってきたシェフが作る本格的な味をぜひ！

うちの自慢

▲採れたての埼玉県産の旬野菜。素材の旨味が伝わるカラダに優しいイタリアンを提供する

蕨駅・南浦和駅　　和食

粥膳 かやと

かゆぜん かやと

JR京浜東北線蕨駅西口・
南浦和駅東口からバス

有機人参のムース
（コースの料理）

Lunch & Dinner

▲コース料理の一品。有機人参を牛乳で3〜4時間炊くことでまるで南瓜のような甘さを実現

粥の供と和粥
（コースの料理）

Lunch & Dinner

▲定番の和粥膳コースのメイン。出汁餡をかけたり、3種類の粥の供とともに召し上がれ

季節の粥膳コース

Lunch & Dinner

▲ランチ、ディナータイム共通のコース 2360円。ノニジュースカクテルとお凌ぎ、喉ごし、御味五色（お料理5品）季節の粥、粥の供3種、ドリンクとデザートの盛り合わせが堪能できるフルコース

その他メニュー

- 和粥膳コース…1960円
- 十六穀米の粥膳コース…2160円
- COEDO瑠璃・COEDO伽羅…600円
- 100％ノニジュース（ストレート、オンザロック）…各800円
- ノニジュースカクテル…800円

▲シンプルなインテリアで安らぎを感じさせる店内

心安らげる時間と場所を提供

「ホッとしたひと時を…」をコンセプトとしたお粥創作料理のお店。店内には珍しい現代邦楽が流れており、ゆったりめの席も居心地よく、長居を誘うこと請け合いだ。食器にもこだわり、お料理が映えるモノをチョイス。こぢんまりとしたお店なので、予約しておくのがベター。

お米の甘さを最大限に引き出した粥

さらっとしたおいしいお粥をコース仕立てで提供。有機栽培のササニシキを使用し、究極のお水で丁寧に炊き上げるお粥は絶品。まずはそのままお米のあっさりとした甘さを堪能。次に出汁餡をかけながら味わい、最後に3種の「粥の供」とペロリ。味の変化が斬新で楽しい。

◀食後に楽しめるデザートの盛合せは少しずついろんな味を楽しめて◎

TEL	☎048-441-2028
住所	埼玉県蕨市北町5-12-35ストークマンション南浦和
予約	全時間予約可
営業時間	11:00～18:00（L.O.17:00）
定休日	火曜・祝日（不定休あり）
席数	18席（うち半個室5席）
禁煙席	全席禁煙
個室	半個室あり（収容人数～5人／チャージ料無料／完全禁煙）
予算	ランチ・ディナー 2000円～2400円
駐車場	3台（無料）※お店より徒歩2分

うちの自慢

▲店内にはミニギャラリーコーナーも。アーティフィシャルフラワーや小物を展示販売している

川口／鳩ヶ谷駅

鳩ヶ谷駅　　フランス料理

ピエールピコ
KAWAGUCHI

ピエールピコ カワグチ

埼玉高速鉄道鳩ヶ谷駅から
車で約10分

Lunch & Dinner

シェフ特選コース (11:00～20:00 まで)

▲懐石風オードブル、トマトとズワイガニのサラダ、目鯛のポワレ マスタードソース、カボチャのスープ、オマール蝦のガトー仕立て シャンパンソース、特選牛ヒレ肉のリヨン風、パン、デザート、飲み物が付く。5500 円

Lunch
ランチコース

▲サラダ、メインの選べる料理、パンまたはライス、デザート、ドリンクが付いて 1600 円

Lunch
カジキマグロの網焼き
（コースの料理）

▲2色の鮮やかなソースが食欲をそそる。ランチコースのメインは8種類の中から好きなものを選べる

その他メニュー

- 料理長自慢のビーフシチュー …1000円
- 特選牛ヒレステーキコース …3000円
- 魚介類のサラダ和風仕立て …850円
- ズワイガニと豆腐のジュレ (5月〜8月)…750円

▲南フランスのレストランをイメージさせるおしゃれな店内

マダムが集う居心地のよい一軒

ブルゴーニュやリヨン、マルセイユ…フランスの地方料理を日本人の味覚に合うように調理したフレンチのお店。やさしい雰囲気が漂う店内では、女性のホールスタッフが行き届いた接客でもてなしてくれる。ゆったり過ごせると評判で、約95％が女性客なのだとか。

"地産地消"の素材で作るフレンチ

フランス料理一筋の料理長が食材の仕入れ、調理、メニューの考案まで徹底して行う。食材はできるだけ"地産地消"をモットーに旬のモノを使用。地元のおいしい野菜の魅力を引き出したアイデア料理を楽しめる。ランチはメイン料理を選べる「ランチコース」が大人気。

TEL	☎048-287-6080
住所	埼玉県川口市東本郷1124
予約	ランチ可（要予約）ディナー可
営業時間	11:00〜21:00(L.O.20:00)※ランチメニューは11:00〜16:00
定休日	水曜、第2・4水曜と木曜
席数	34席（テーブル席）
禁煙席	全席禁煙
個室	半個室1室（収容人数12〜16人／チャージ料なし／個室全席禁煙）
予算	ランチ 1600円　ディナー 3000円
駐車場	10台（無料）

◀肩肘はらずに本格フレンチを楽しめるアットホームな雰囲気

うちの自慢

▲天気のよい日のテラス席は特等席。温かな日差しを感じながらの極上ランチは最高だ

川口／鳩ヶ谷駅

鳩ヶ谷駅　フランス料理

レストラン 三星

レストラン みつぼし

埼玉高速鉄道鳩ヶ谷駅
2番出口から徒歩で約2分

お勧めランチコース

Lunch

▲オードブルは2種から、メインは6種から好みのものをチョイスできるのがうれしい。自家製パン、ポタージュ、デザートの盛り合わせ、有機栽培のコーヒーまたは紅茶が付く。2940円

Lunch & Dinner　牛ほほ肉の赤ワイン煮
（コースのメイン）

▲シェフの友人の牧場から届く常陸牛A4ランクのほほ肉を使用。とろけるような舌触りで美味
※ランチ時はメニューが変わる場合あり

Lunch & Dinner　スペシャルデザート
（特別注文）

▲特別な人の記念日をお祝いするのに最適なデザートプレート。事前に要予約。1000円

その他メニュー

- ランチフルコース…4200円〜
- ランチセット（平日のみ）
  …1785円〜
- 特選コース…5250円
- エシレバター…157円
- グラスワイン…630円

▲高級感漂う雰囲気だが、肩肘張らずにお料理を楽しめる空気感

手作りにこだわる体に優しいお店

　パンからソース、ハム、デザートまで体に優しいことを心掛けて、無添加・無化学で手作りしている「レストラン 三星」。店内は白と濃茶を基調とし、クラッシックな印象。ワイナリーで厳選された美味しいワイン片手に、ゆったり落ち着いてランチを楽しめる貴重な一軒だ。

極上の牛ほほ肉をご賞味あれ

　シェフの実家の精肉店から仕入れる最高級のお肉、市場から直送される新鮮な魚や野菜。徹底的に食材の質を追求するシェフが作る本格フレンチが味わえる。人気は「牛ほほ肉の赤ワイン煮」。じっくり煮込んだ上質なお肉は、口に入れるとあっという間にとろけるほど！

◀落ち着いた色味で統一された個室は前もって予約を

TEL	☎048-286-5556
住所	埼玉県川口市里1230-2
予約	ランチ可　ディナー可
営業時間	ランチ 11:30〜15:00(L.O.14:00) ディナー 17:30〜21:30(L.O.20:00)
定休日	月曜（祝日の場合は翌日休み）、不定休
席数	26席（うちカウンター席4席、テーブル席22席）
禁煙席	全席禁煙
個室	個室1室（収容人数2〜8人／チャージ料1000円／個室全席禁煙）
予算	ランチ 3000円　ディナー 5000円
駐車場	3台（無料）

うちの自慢

▲毎日丁寧に焼き上げる国産小麦粉の自家製パン。フランスで食べたパンの味を再現したとか

川口／東川口駅

東川口駅　和食

旬菜遊膳 しみず

しゅんさい ゆうぜん しみず

JR武蔵野線・埼玉高速鉄道
東川口駅から徒歩で約6分

Dinner　花

▲先付、前菜、刺身、お椀、焼物、煮物、デザートが付くボリューム満点のコース 5400円

Lunch　コース内の先付

▲紫菊の花、いくら、さんまの南蛮漬けに、ごま酢をかけた一品。彩り鮮やかで味わい深い

Lunch & Dinner　刺身盛り

▲旬の魚を四国から直送しているので、鮮度は抜群！　素材の美味しさを贅沢に味わえる一皿となっている。四国のほか、新潟などからも取り寄せている。写真はまぐろ、つぶ貝、タコ。1620円

その他メニュー

- ランチ…1296円〜
- 天ぷら盛り合わせ…970円
- 舞…3780円
- 月…7560円
- 祝膳(6品)…8640円
- しゃぶしゃぶ会席…5400円

▲しっとりした時間が流れる和の空間。お祝いにも最適だ

個室メインの一軒家会席料理店

閑静な住宅街の中にある会席料理店。東京に行かなくても地元で本格日本料理を気軽に味わえる1軒だ。店内は上品で落ち着いた雰囲気。1階のテーブル席以外は、全て完全個室になり、時間を忘れてゆったりと過ごすことができる。誕生日や結納…様々なシーンで活用できそう。

見た目にも美しいお料理の数々

手作りできる物は可能な限り自家製で、野菜を多く使い、健康に配慮した料理を提供。獲れたその日に四国から直送される鮮度抜群のお刺身が評判だ。新緑の季節には抹茶をあしらったり、白や黄色などの差し色を入れたりなどして春らしさを演出。盛り付けや彩りにも力を注ぐ。

◀店内に飾られた盆栽や蘭などの植物が癒しの和空間を演出

うちの自慢

TEL	☎048-297-9960
住所	埼玉県川口市戸塚2-15-5
予約	ランチ可　ディナー可
営業時間	ランチ 11:30〜14:30(L.O.13:30) ディナー 18:00〜22:00(L.O.21:00)
定休日	火曜
席数	70席(テーブル席23席、座敷席47席※うちテーブル席15席)
禁煙席	全席喫煙可
個室	個室5室(収容人数2〜50人／チャージ料ランチ3000円／個室全席喫煙可)
予算	ランチ 1500円　ディナー 4000円
駐車場	12台(無料)

▲テーブル席もある広々としたお座敷席が評判。周りを気にせずゆったりとお食事を頂ける

戸塚安行駅　イタリア料理

trattoria fermata

トラットリア フェルマータ

埼玉高速鉄道戸塚安行駅
2番出口から徒歩で約8分

Lunch

ランチコース

▲自家製天然酵母パン2種、前菜（3種から選べる）、週替わりパスタ（4種から選べる）、週替わりメイン（3種から選べる）、デザート盛り合わせ、コーヒーor紅茶。そして最後に、嬉しい焼き菓子付き！　2500円

Lunch & Dinner

詰め物をした玉ねぎの オーブン焼き
（アラカルトで提供）

▲オーブンで丸1日じっくり焼いた玉ねぎをチーズやパン粉とともに詰め直した逸品。780円

Lunch & Dinner

アニョロッティ お肉を詰めたラビオリ
（アラカルトで提供）

▲肉の濃厚な旨味が口の中に広がるパスタは、シェフのイタリア修業先のスペシャリテ。1580円

その他メニュー

- シェフおすすめランチ…1800円
- フレッシュトマトとモッツァレラチーズ バジルのトマトソーススパゲッティ …1280円
- お肉の炭火焼き各種…1580円〜
- シェフおすすめ チョコレートのタルト…600円
- ボトルワイン…2500円〜
- 日替わりわんちゃんパスタ…680円

▲床やワインセラーなど、木のぬくもりと香りが心地よい店内

本気で体を労わるなら店内の内装から

北イタリアの星付きレストランで修行したシェフが営む一軒家レストラン。口に入るものは料理だけでなく、店内の空気までよいものを提供したいと、壁面は100%自然素材のシラス壁を使用。木々の見える大きな窓や落ち着いた店のつくりなど、安心感が随所に感じられる。

安心できて体に良いもの食べてもらう

「おいしさだけでなくお客様の口に入った後のことまで考える」がコンセプト。安全には常に気を使い、食材だけでなく、ベーコン、チーズといった加工品まで、可能な限り全て手作りにこだわる。そんな手間暇かけた料理が気軽に味わえるランチは、地元の女性客を中心に人気だ。

TEL	☎048-234-1234
住所	埼玉県川口市戸塚境町31-1
予約	ランチ可　ディナー可
営業時間	ランチ 11:30〜15:00(L.O.14:00) ディナー 17:30〜23:00(L.O.21:00)
定休日	月曜(祝日の場合は翌日)
席数	34席(うちテラス4席)
禁煙席	全席禁煙(テラス席は喫煙可)
個室	あり(収容人数4〜12名／チャージ料なし)
予算	ランチ 2000円　ディナー 4000円
駐車場	7台(無料)

◀テラス席はわんちゃん連れでも◎。「日替わりわんちゃんパスタ」をオーダーしてみよう

うちの自慢

▲常時1000本以上あるというワイン。オーナーシェフが厳選し、イタリア、国産ワインを取り揃える

東川口駅　スペイン料理

スペイン料理
サブロッソ

SABROSO

JR武蔵野線・埼玉高速鉄道
東川口駅から徒歩で約7分

パエリャコース

▲お店一番の人気メニュー「サブロッソのパエリャ」が堪能できるコース。この他、季節のオードブルサラダ、自家製イカスミのパン、デザート、ドリンクが付いて、1名2060円。※コース料理は2名から

イカスミのパエリャ
（アラカルトで提供）

▲たっぷりの具材を使い、濃厚なシーフードの香りが漂うパエリャ。2人前2880円
※パエリャは2名から

小エビのアヒージョ
（アラカルトで提供）

▲プリプリの小エビを熱々のガーリックオイルで。パセリと白ワインがアクセント。1050円

その他メニュー

- 生ハムと野菜のスパゲティ…740円
- カスティーリャ風ガーリックスープ…840円
- スペインの生ハム…840円
- ビーフシチュースパゲティ…840円
- イベリコ豚のグリエ…1980円
- サブロッソコース…3100円

▲スペインの風を感じるオブジェや写真が所々に

安心・安全がモットーのお店

本場スペインで修行したオーナーが営む。店内には当時の写真が飾られ、眺めながら食事をするのも楽しい。1996年の開店以来、安心・安全を常に心掛けながら料理を提供し続け、川口衛生協会より優良施設賞を受賞。そんな食への真摯な姿勢が地域住民に長く愛される秘訣だ。

素材を生かすシンプルな調理法

料理はオリーブオイル、にんにく、レモンやハーブなどを使い、素材本来の旨みを生かしたシンプルに味付け。パエリャ、ガーリックスープ、オムレツなどが人気のメニューだ。小皿料理も充実しているので、ふらっと立ち寄り、ワインといっしょに楽しむ常連さんが多いのだとか。

TEL	☎048-298-0936
住所	埼玉県川口市戸塚東1-9-14
予約	ランチ可　ディナー可
営業時間	ランチ 11:30～14:30(L.O.14:00) ディナー 17:30～22:00(L.O.21:00)
定休日	月曜（祝日の場合は翌日）
席数	24席（うちテラス席8席）
禁煙席	あり（禁煙席16席／喫煙席8席）※ランチタイムは全席禁煙
個室	なし
予算	ランチ 1200円　ディナー 3000円
駐車場	6台（無料）

◀ランチタイムでも、タパスなどのアラカルトメニューが全て注文可能

うちの自慢

▲テーブルは全て4人席なので、1人や2人でも広いテーブルでゆっくり食事を楽しむことができる

東川口駅　イタリア料理

Modern Italian Saya Soyo

モダン イタリアン サヤ ソヨ

JR武蔵野線・埼玉高速鉄道
東川口駅から徒歩で約15分

十勝ハーブ牛のロースト

Lunch & Dinner

▲「シェフコース」はお客さんのリクエストを聞いてシェフお任せで決まるコース 4536 円〜。写真はメイン料理の一例。北海道十勝から直送で届くお肉を贅沢に使用した一品。旬の焼き野菜と共に召し上がれ

ポットベラと焼き野菜
（コースの料理）

Lunch & Dinner

▲各コースの前菜。マッシュルーム農家から仕入れるポットベラは肉厚でジューシー

駿河湾産赤座海老のトマトクリーム
（コース内の料理・アラカルトでも提供）

Lunch & Dinner

▲旨みがたっぷり詰まった絶品ソースが人気。パスタの上に乗った海老が食欲をそそる一皿

その他メニュー

- さやランチ…1728円
- そよランチ…2808円
- シェフコース(ランチ)…4536円
- さやそよコース(ディナー)…4104円
- スペチャーレ(ディナー)…5400円
- シェフコース(ディナー)…7344円

▲吹き抜けの天井で開放感たっぷり。貸切りパーティーも可能

別荘風のモダンレストラン

閑静な住宅街にある緑に囲まれた一軒家レストラン「Saya Soyo」。内装はシンプルな中にも温かみがあり、リラックスした雰囲気で食事を楽しめるのが魅力だ。夜はライトアップされた庭園も美しい。普段使いはもちろん、大切な人との記念日やお祝いごとにも活用したい。

大地の恵みを感じられるイタリアン

代官山のカノビアーノで修業を積んだシェフが腕を振るうイタリアンの店。京都や高知の野菜、静岡の長谷川農産のマッシュルーム、沼津港直送の鮮魚…厳選素材を使い、シンプルに仕上げた料理の数々をコースで味わえる。自家製トマトクリームソースのパスタが特に人気だ。

TEL	☎048-235-8645
住所	埼玉県川口市戸塚南4-4-40
予約	ランチ可　ディナー可
営業時間	ランチ 11:00～15:30(L.O.14:00) ディナー 18:00～22:00(L.O.20:30)
定休日	水、木曜
席数	30席(うちテラス席4席、テーブル席30席)
禁煙席	一部喫煙可(テラス席のみ)
個室	なし
予算	ランチ 2500円　ディナー 5000円
駐車場	7台(無料)

◀料理家としても雑誌やテレビでも活躍しているシェフ

うちの自慢

▲全国各地から直送で仕入れるこだわりの食材たち。シェフ自身が全て買い付けているとか

料理ジャンル別さくいん

フランス料理

- エグリーズ ドゥ 葉山庵 …… 12
- 大宮離宮 四季庭 …… 34
- カジュアルフレンチ Les Amis …… 80
- シャンソニエ …… 54
- ピエールピコ KAWAGUCHI …… 114
- BISTROT L'Arbre de Pin …… 64
- Bistro 畑の鍵 …… 68
- ビストロ ボナペティ …… 26
- Brasserie De chef …… 88
- フランス料理 アルピーノ …… 40
- フランス料理 BISTRO S'ASSOUVIR …… 100
- フランス料理 フランス菓子 プラシャルルー …… 106
- フレンチ居酒屋 Bon Tigger 浦和店 …… 56
- プロヴァンスヴェール …… 44
- Lancret …… 20
- RESTAURANT Accueil PAR Perchoir …… 6
- レストラン 三星 …… 116
- Restaurant La voile …… 72

イタリア料理

- Arancia Del Sole …… 84
- アルタビスタガーデン …… 38
- イタリア料理 イルクオーレ …… 46
- イタリア料理 カポラヴォーロ …… 110
- イタリアンダイニング フィーロ …… 62
- カリーリア ラ エルバ …… 108
- ZEFIRO …… 30
- 地中海食堂 タベタリーノ 東浦和店 …… 60
- トラットリア アベ …… 10
- トラットリア オサムサン …… 104
- trattoria fermata …… 120
- バンビーナ バンビーノ …… 50
- Modern Italian Saya Soyo …… 124
- Ristorante Ogawa …… 16

フランス料理／イタリア料理

- イタリアン・フレンチ レ・スリジェ …… 36
- ビストロ・ド・タニ …… 76

スペイン料理		
	スペイン料理 サブロッソ	122

ハンガリー料理		
	カフェ カロチャ	92

ロシア料理		
	ロシア料理 スタルカ	96

洋食		
	ダイニング&バー チアーズ	24
	洋食 素敵屋さん	48

和食		
	鰻 十和田	94
	大宮 一の家	18
	おきがる会席 けん汰	98
	お食事処 菜々草	28
	会席料理 東山	42
	割烹しのぶ	58
	粥膳 かやと	112
	京雀	52
	彩懐石 うらわ高砂	82
	旬菜遊膳 しみず	118
	すし 堺	32
	すし 二乃宮	70
	鮨 ふく	78
	鉄板・懐石 くら馬	8
	天旬楽 うのじ	102
	二木屋	66
	日本料理 四季彩	86
	和食堂 欅	22

中国料理		
	中国料理 彩湖	74
	中国料理 瑞麟	14

エスニック		
	インドネシア料理 スラバヤ	90

127

◆企画制作
イデア・ビレッジ（青木千草、内田聡美、梶本真由）

◆本文デザイン
山口さなえ

◆目次・索引デザイン、DTP
山口慶子

◆撮影
イデア・ビレッジ

◆マップ制作
みどりみず

大宮・浦和・川口 至福の上等なランチ

2015年1月5日　　第1版・第1刷発行

著　者　イデア・ビレッジ
発行者　メイツ出版株式会社
　　　　代表者　前田信二
　　　　〒102-0093 東京都千代田区平河町一丁目1-8
　　　　TEL：03-5276-3050（編集・営業）
　　　　　　　03-5276-3052（注文専用）
　　　　FAX：03-5276-3105
印　刷　株式会社厚徳社

●本書の一部、あるいは全部を無断でコピーすることは、法律で認められた場合を除き、
　著作権の侵害となりますので禁止します。
●定価はカバーに表示してあります。
Ⓒイデア・ビレッジ, 2015.ISBN978-4-7804-1532-2 C2026 Printed in Japan.

メイツ出版ホームページアドレス http://www.mates-publishing.co.jp/
編集長：大羽孝志　企画担当：大羽孝志　制作担当：堀明研斗